絶対にカスハラに負けない

《実践》心理テクニック53

神岡真司

はじめに

「理不尽なカスハラ攻撃」をかわしシャットアウトする方法

カスハラ（カスタマーハラスメント）が増加しているといわれます。

「お客」という優位な立場を装う人間が、サービス側従業員に対して、暴言を吐いたり、罵倒するといった異常な行為をはたらきます。また、悪質かつ不当な要求を平気で行う図々しい輩《やから》も増えているといいます。本当に困った事態なのです。

これでは安心して、サービス業で働くことなどできなくなってしまいます。サービス側従業員は、こうした状況にどう対処すべきなのでしょうか。

これまでサービス側従業員の多くは、「お客」という優越的地位にある人間から、不当に絡まれても無抵抗のまま、ひたすら悔しい思いで耐えるばかりでした。

そうでもしないと、さらに執拗なカスハラ攻撃が待っていたからです。

どんなに罵声を浴びせられようが、サービス側従業員は「申し訳ございません」と、頭を下げるしかなかったのです。

本書は、これまでのこうした「やられっぱなし状態」からの脱却を目指し、カスハラを封じ込めるための指南書になっています。

カスハラ行為をはたらく人たちも、所詮《しょせん》は市井《しせい》の一般人にすぎません。

サービス側従業員のちょっとした機転さえあれば、不当なカスハラ行為をひねってかわすといった、スマートなシャットアウト方法がいくつもあります。

本書では、ありとあらゆるカスハラ攻撃をかわすシミュレーションを見ていただきます。

どんなカスハラ攻撃にも対処できる、聡明なシャットアウト方法の数々をお届けしていきます。ぜひとも、ご一読をお勧めするゆえんなのです。

神岡真司

決定版!! カスハラ（カスタマー・ハラスメント）撃退・回避心理マニュアル　目次

第3章　悪質クレーマーへの「応酬話法」

第5章 法律を味方につける

第1章

カスタマーハラスメントとは何か

1 「絡《から》み方」は千差万別のカスハラ！

「悪質クレーマー」を含めた広義の呼称が「カスハラ」

近年、マスメディアで盛んに取り上げられるようになった「カスハラ（カスタマーハラスメント）」とは、いったい何を指すのでしょうか。

「カスタマーハラスメント」とは、文字通り、カスタマー（お客＝消費者）によるサービス提供者への「嫌がらせ（ハラスメント）」を総称したものです。

従来は、「悪質クレーマー」と呼ばれる種類の人間だけがとりわけ問題でした。

しかし、昨今は「悪質クレーマー」のようにサービス側の「落ち度」や「ミス」にわざとつけ込んでくる常習的なクレーマーだけでなく、サービス側に何の「落ち度」や「ミス」がなくても、あれこれと絡んでくる消費者が増えてきています。

そのため、サービス側にとっては、こうしたカスタマーへの対応に、手間や時間を取られるだけでなく、精神的な苦痛までも強《し》いられるものとなっているのです。

そうした事情から、今日では、「悪質クレーマー」というこれまでの限定的な呼び方を超えて、「消費者による嫌がらせ」という広義の「カスハラ」として、包括的にとらえられるようになってきたわけです。

「お客様尊重主義」が「悪質クレーマー」の存在をもたらした

本来、お客からのサービス側へのクレーム（苦情）は、消費者の正当な権利であると同時に、サービス側にとってもメリットのあるものでした。

消費者側からの正当なクレーム（苦情）は、サービス側にとっても、製品やサービスなどの今後の品質向上や改善につなげられる絶好の機会であり、得難い貴重な情報源だったからです。

そのため、サービス側は、基本的に「お客様第一主義」「顧客満足度向上」などを標榜してお客に対応してきました。ところが時とともに、そのサービス側の「落ち度」や「ミス」による被害や迷惑を過大に言い募り、執拗に謝罪や賠償を求めるといった「悪質クレーマー」が増殖しました。サービス側の「善意の姿勢」にクレーマーがつけ込む形になっていったわけです。

こうした「悪質クレーマー」の目的は、不当な金品の要求であったり、特別なサービスを強要するものが多くを占めていました。すなわち、「大声で怒鳴る」「恫喝《どうかつ》する」「泣きわめく」といった手段で威嚇《いかく》したり、何らかの要求が聞き入れられるまでネチネチと長時間粘る行為が多く見られるようになったのです。

「ミス」や「落ち度」がなくても絡むカスハラは悪質クレーマーより手強《てごわ》い！

しかし、近年問題とされるカスハラは、その目的が不当な金品の要求や、謝罪の要求でないものまでが多く含まれます。ただ単に従業員を叱りつける、脅す、暴力を振るう、といった嫌がらせを行うケースが増えてきたのです。

たとえば、毎回来店するたびに延々と説教する客、ちょっと待たされただけでキレて大声で怒鳴りつける客、あるいは気に入った従業員にまとわりついてSNSで繋《つな》がることを求める客や、ストーカーがいにスタッフの帰宅時に尾行するといった、従業員のプライバシーにまで踏み込んだ、常軌を逸した嫌がらせ事例までが散見されるようになっています。

つまり、「お客」という優位な立場を悪用し、相手が抵抗しにくいことを見越した上で、本来享受し得るサービスを逸脱した形で種々の「攻撃性」を見せるわけです。

こうしたカスハラ行為から、サービス側の担当者は身を守らねばなりません。

また、組織としても従業員の安心・安全を考え、迅速に対処できる体制がなくてはいけません。悪質クレーマー対策だけでなく、総合的なカスハラ対策として、個人や組織全体の防御力や撃退法を身に付けておくことは、現代において急務なのです。

ところで、カスハラを行うのは必ずしも一見《いちげん》のお客とは限りません。顔なじみの常連客であっても、突如として牙を剝《む》いてくることさえあります。

なぜ、ふつうのお客が、突然カスハラ行為をはたらくのか、そうした心理面も含めて十分な理解を深め、あらかじめ対策を練っておくことが大事なのです。

対策ポイント！

常連客でさえカスハラ行為に走りがち。その心理面に通じることが対策の第一歩！

2 「カスハラ」はこんなに増えている！

サービス側の被害は甚大！

ＵＡゼンセンという労働組合があります。179万組合員を擁するこの団体は、繊維、衣料、化粧品、化学、エネルギー、窯業、建材、食品、流通、印刷、レジャー・サービス、福祉・医療産業、派遣業、業務請負などの国民生活に広く関連する産業別労働組合です。

これらの業種のうち、スーパーやドラッグストア、百貨店、専門店、家電量販店などの流通部門に勤める組合員に、お客からの迷惑行為（カスハラ）について尋ねた2017年のアンケート結果があるので見てみましょう。

これによれば、全体で5万件近い回答のうち、7割の人がお客からの迷惑行為を受けた経験があると答えています。

悪質クレーム対策（迷惑行為）アンケート調査分析結果

（有効回答件数：49,876件）

迷惑行為は近年
増えていると感じますか？

あなたは業務中に来店客からの
迷惑行為に遭遇したことがありますか？

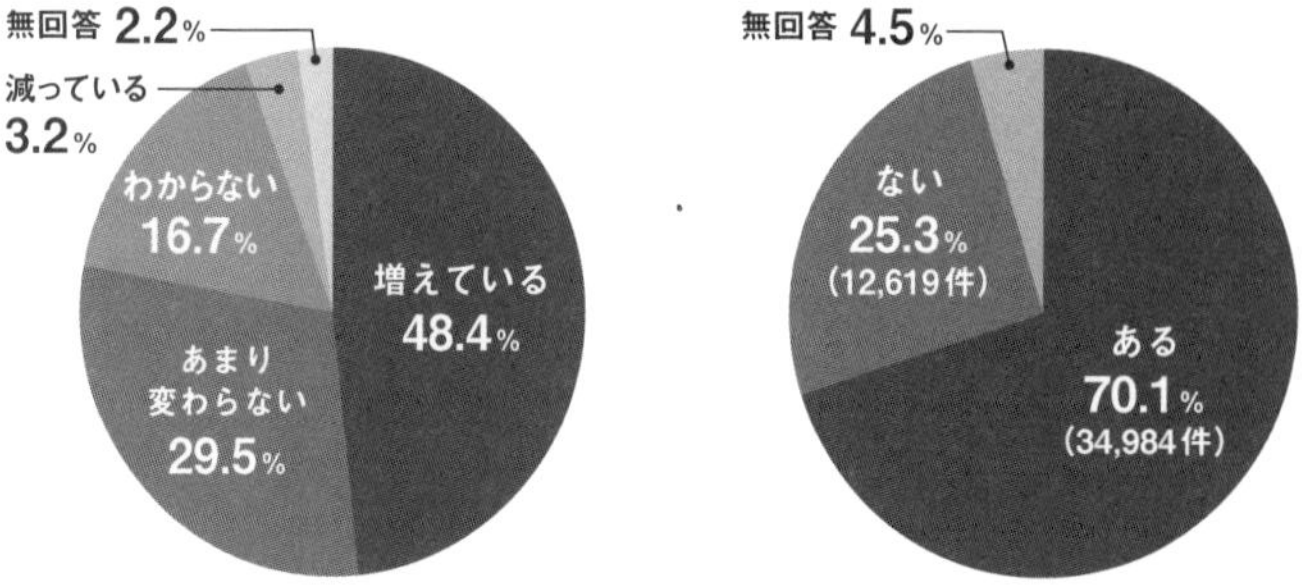

無回答 2.2%
減っている
3.2%
わからない
16.7%
増えている
48.4%
あまり
変わらない
29.5%
無回答 4.5%
ない
25.3%
(12,619件)
ある
70.1%
(34,984件)

どのような迷惑行為に遭遇しましたか？（複数回答）

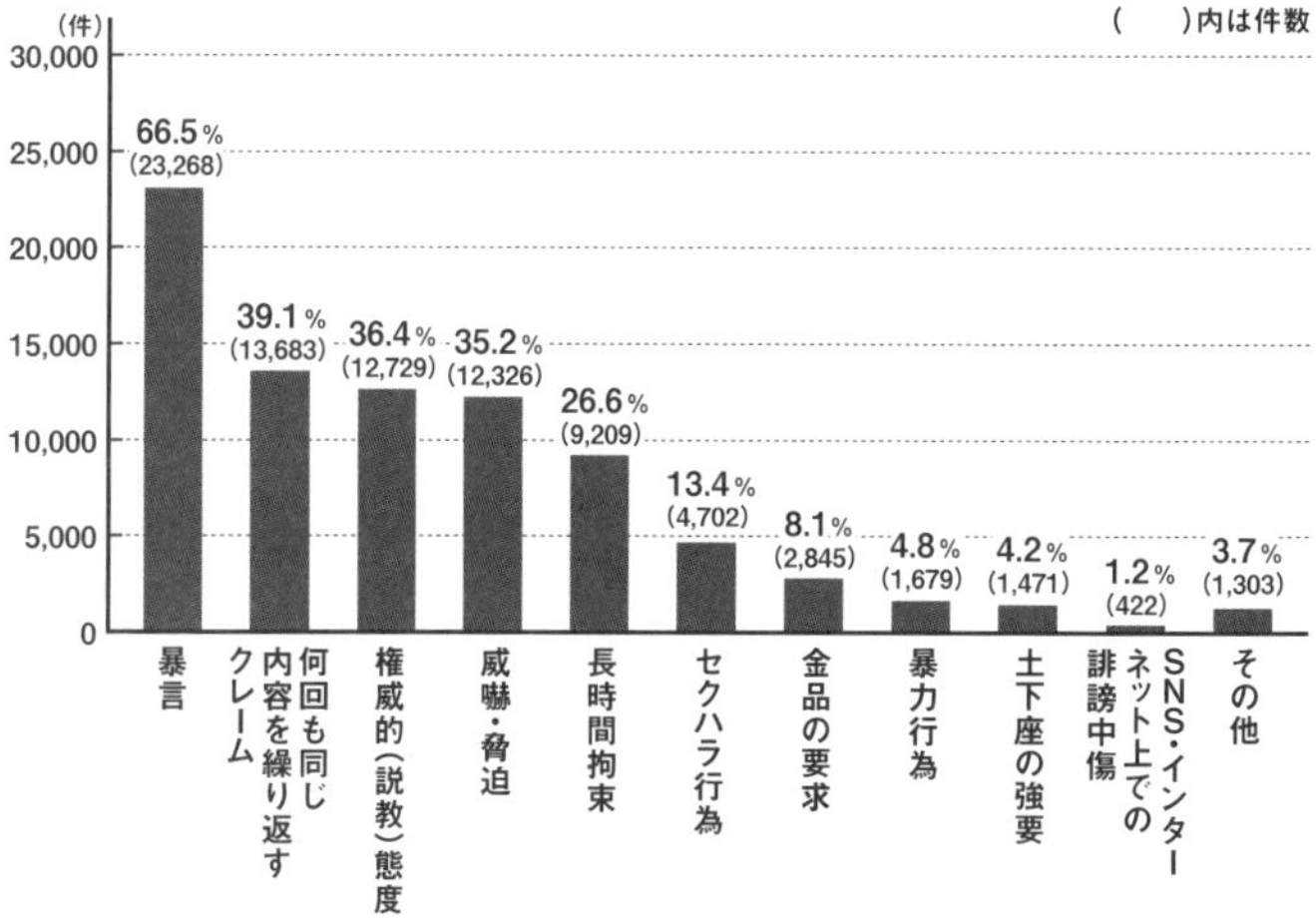

(件)
(　　)内は件数
30,000
25,000
20,000
15,000
10,000
5,000
0
66.5% (23,268)
39.1% (13,683)
36.4% (12,729)
35.2% (12,326)
26.6% (9,209)
13.4% (4,702)
8.1% (2,845)
4.8% (1,679)
4.2% (1,471)
1.2% (422)
3.7% (1,303)
暴言
何回も同じ内容を繰り返すクレーム
権威的（説教）態度
威嚇・脅迫
長時間拘束
セクハラ行為
金品の要求
暴力行為
土下座の強要
SNS・インターネット上での誹謗中傷
その他

出所：UAゼンセン流通部門2017年調査結果より抜粋

カスハラで一番多いのが「心無《な》い暴言」

迷惑行為の内容では、「暴言」が66・5％で一番多く、その内容は「ブス」「ババア」といったセクハラや、「バカ」「アホ」「低能」などの人格否定、「殺してやる」「土下座しろ」などといった違法行為でした。

「暴言」に続いて多かったのは、「何回も同じことを繰り返すクレーム」が39・1％、「権威的な説教・態度」が36・4％、「威嚇《いかく》・脅迫」が35・2％、「長時間拘束」が26・6％、「セクハラ行為」が13・4％、「金品の要求」が8・1％、「暴力行為」が4・8％、「土下座の強要」が4・2％、「その他」が3・7％、「SNS・インターネット上での誹謗中傷」が1・2％となっています。

ところで、こうしたお客の迷惑行為は、果たして本当に増えているのでしょうか。

アンケートによれば、増えていると感じている人が、全体の5割近く（48・4％）にのぼり、あまり変わらないという人が約3割（29・5％）。減っているという人は、たったの3・2％しかおらず、残り2割（18・9％）の人は、わからないか無回答になっています。

スタッフは強いストレスを強いられている

サービス側スタッフは、こうした迷惑行為に遭遇した時、どんな対応を強いられているのでしょうか。ほぼ半数（48％）の人が「謝り続けた」と答え、「上司に引き継いだ」という人が37・6％、「毅然《きぜん》と対応した」のは25・7％、「何もできなかった」が7・2％、「その他」が7・2％、「無回答」が1％でした。

こうした「迷惑行為」による被害状況はどうでしょうか。「強いストレスを感じた人」がほぼ半数（54・2％）、「軽いストレスを感じた人」が37・1％おり、「精神疾患になった人」が0・5％います。「影響なしだった人」はたったの6・3％しかいなかったのです。

いかに、お客の迷惑行為（カスハラ）がスタッフを蝕《むしば》んでいるかがわかります。

対策ポイント！

9割以上のスタッフが、カスハラによるストレスに悩まされている

3 なぜふつうの人がカスハラを行ってしまうのか?

カスハラはお客の「一方的思い込み」「早とちり」などから生じやすい

お客が、突然目の前で接客する担当者に怒鳴ったり、電話に出た途端、「あんたの会社の電話はなんでつながらないんだ? どういうわけなんだ!」などと、本題そっちのけで文句を言い続ける人がいるものです。

このように、相手に文句を言うのは、「怒りの感情」があるからですが、「怒りの感情」が湧いてくるのは、たいていその人の目の前の状況が「自分が想定していた状況になかった」ことへの不満になります。

たとえば、サービス側担当者が、お客のクレーム内容を聞いている際、ついうっかり、「いや、そんなはずはないと思うんですけど……」などと疑念を口にしただけで、「なんだと、お前! そんなはずないって、なんでお前がそんなこと言えるんだよっ! 俺が嘘ついてるとでも言うのか!」などと怒り出す場面があります。

これは、自分が説明するクレーム内容を疑われたという「想定外の状況」への反応です。自分が説明する内容を否定されたと感じた「一方的な思い込み」から、反射的に怒り出したのです。

また、先方に何度電話をしても通じなかった状況も、「こんなはずじゃない」という「想定外の状況」に苛立《いらだ》ちを募らせます。やっとつながった相手に対しても、「あんたの会社はどうなってるんだ！」などと怒りが収まらなくなるわけです。

「怒りの感情」の底流にあるのは「不安」や「脅威」

いずれの場合も、お客にとって目の前の状況が、「あるべき状況にない」という即断により、自分の立場が否定されたという「勘違い」や「早合点」を生み、「怒りの感情」に火がついています。「あるべき状況にない」というのは、人間にとって「不安」であり「脅威」を覚えさせるものです。その状況を打開するために、人の脳は「怒り」の感情をエネルギーにして行動してきたのです。つまり、怒りは自己防衛本能なのです。

ですから、もともと不当に金品を得たい願望を持つ悪質クレーマーの場合には、たとえ怒鳴りこんできても、往々にしてそれは「演技」だったりするのですが、ふつうのお客の場合は、「あるべき状況にない」と感じた時に、突然本気で怒り出すわけです。

「承認欲求を満たしたい」願望が「優位性」を確認させたがる

また、ふつうのお客が、上から目線でサービス側スタッフに、あれこれとネチネチ講釈を垂れて長々と説教する場面もあることでしょう。

これも「あるべき状況にない」と感じたからこそ、サービス側に注意をするわけですが、そこには一方的に怒りまくるお客の場合とは異なり、「承認欲求」を満たしたい衝動に駆られているケースも多く見受けられるのです。

「承認欲求」とは、誰もが持っている「認められたい」「褒《ほ》められたい」という願望のことです。「無視される」「否定される」ことは、その人にとって「あるべき状況にない」という不安心理を呼び起こして脅威となり、「怒りの感情」に火がつくわけですが、それとは別に「自分のことを肯定的に受け入れさせたい」という願望のケースもあるわけです。

とりわけ、定年退職して無職となった老人などに、こういうタイプをよく見かけます。

現役時代に大手企業で部下を何十人も従えていたという人などは、定年後に環境が一変し、大きな寂寥《せきりょう》感、孤独感を抱えながら生活していることがあります。こうした人が、自分がいかに第一線で活躍していたかをサービス側スタッフに匂わせ、「承認欲求」を満足させる場合もあるのです。

ふつうのお客も「お客様は神様」という自負を持っている

いずれにしろ、ふつうのお客がカスハラを行う背景には、こうした屈折した心理がはたらいています。サービス側が善意で「お客様は神様」と神妙にとらえても、実際のお客には「神様」の名に値しない「奇妙な存在」が少なくありません。

ですから、「神様のタイプ」をよく見極め、まずは、「神様」を「悪質クレーマー」に変貌させないことが肝心です。神様のプライドは意外なほど高いからです。

対策ポイント!

「神様のお客」には「あるべき状況にない」と思わせないことが肝心

4 「ストレス過多社会」がカスハラ行為に走らせる

「貧困」や「格差」がとめどないストレスを国民にもたらしている

現代日本では、「貧困」や「格差」が大きな問題になっています。

日本経済全体がバブル崩壊以降、賃金も上がらず、デフレで縮小していますから、社会には閉塞感が漂っています。

高齢者世帯の半数は生活保護基準以下の貧困に苦しんでいますし、若者や中年世代の多くも非正規・低賃金・リストラなどで将来に希望が持てない状況です。ここに新型コロナウィルス蔓延《まんえん》の打撃が加わり、経済に与える影響は計り知れません。

現代日本社会は、国民全体に強烈なストレスをもたらしているのです。

仕事を頑張ることで収入も上がり、貯蓄も増えていく人生ではないからです。

恋人もいない、結婚もできない、結婚しても子供も産めない・育てられないといった問題も、家庭内暴力や離婚が増えたといった問題も、究極的にはこうした経済の問題が根底

「将来不安」がカスハラへの導火線に！
高齢者
貯えがない
年金だけでは
生活が苦しい…
中高年サラリーマン
賃金カット
住宅ローン返済
リストラ…
シングルマザー
子育てへの不安
貧困女子
バイト切りに遭い
大学は中退したのに
奨学金300万円の借金
が…
生活保護受給者
病気療養で
栄養が必要なのに生活
扶助費がどんどん
減らされる…
非正規雇用
いつ雇い止めされるか…
結婚もできない人生…

にあるといえます。

誰もがイライラしながら、将来不安を抱えながら、日々の暮らしを送っています。

ふつうのお客が、突然サービス側担当者を怒鳴ったり、罵倒したりといったカスハラの事例が増えているのも、こうしたストレス社会と無縁ではないはずです。

なぜなら、唯一、優位に立てるのが、サービス現場に他ならないからです。

「お客様は神様」という、日本人に刷り込まれたあやまった優越意識が、メーカー、小売り、飲食業、行政サービスを司る自治体などのサービス現場を、ストレスのはけ口として格好のターゲットとします。

彼らは、「正当な権利」と思い込んでいる

ので、怒鳴りつけたり、罵倒するのも平気です。ヤクザに喧嘩を売る人はいませんが、サービス現場の人間には売れるのです。

スタート時点は「カスハラ封じ優先」で「お客の立場を全面的に尊重」

こうしたカスハラの蔓延《まんえん》は、サービス側従業員のやる気を殺《そ》ぐものです。

勤務時間中も、常にピリピリとお客に接し、お客に「ばかやろう」だの「てめえなんか死ねよ！」などと口汚く罵られるばかりだと、次第に心まで病んでしまいます。人手不足の折柄、こうしたお客からのハラスメントによって、従業員に職場を去られれば、ますます現場は過重労働で大変なことになってしまいます。

前項でも説明しましたが、お客がいきなり怒り出したり、上から目線で文句を言い始めるのは、お客が「あるべき状況にない」と咄嗟《とっさ》に思ってしまう「早とちり判断」にその原因の多くが占められています。

お客の言葉に対して、「え、ホントですか？」「そんなはずないんですけどね……」「おかしいなあ」などの疑念の言葉を相槌《あいづち》代わりにふと漏らしただけで、お客は信用されていないと感じ、怒りの導火線に火がつきます。

また、「でもですね」「そうかもしれないですが」などの逆説の接続詞が入った言葉で応じれば、サービス側からの反論を予想させますから、自分の主張が受け入れられないと即断したお客は、「怒り」の感情モードへのスイッチが入ります。まずは、こうした「早とちり」をお客に絶対にさせないことが大事です。

怒りモードにシフトさせないためには、お客の話を聞く際に、「なるほど、それは大変ご迷惑をおかけしました」「それはまことに申し訳ございません」など、まずはお客の言い分を肯定的かつ全面的に受け入れる姿勢でスタートさせることが大事なのです。これがあるだけで、面倒な事態を避けられる可能性が高くなります。

対策ポイント！

スタート時点はまず「お客の話すべてを肯定的に受け入れる態度」で臨む

5 「カスハラの芽」を摘んでおく

「カスハラ情報」をお互いに共有して「カスハラ」を防止する

このように、カスハラ客には謝罪の言葉から入ることが、まず第一の防衛手段となりますが、それ以前に、カスハラが起きやすいサービス現場では、カスハラが起きないよう事前に準備しておくことも大切です。

それには、日頃から「カスハラ情報」を共有しておくことが必要です。

たとえば毎日の朝礼で、「昨日こんなことがありました」と、小さな出来事でも従業員が臆せず発表することをスタッフに習慣づけることです。

朝礼での情報交換は、カスハラの事例に限りません。

「お客様に○○商品について、昨日このように説明したところ、非常に喜ばれ、お買い上げにつながりました」

「2020年4月から、7月スタートの前倒しでレジ袋が有料化されたことをご存じないお客様がいらして、『何で会計する時に、レジ袋は有料ですが何枚必要ですか？――と聞かなかったんだ。レジ袋を何枚お付けしますかとだけ聞かれたから、余計な枚数を申告して損をしたじゃないか』と叱られました。しばらくは有料化したことをお客様に周知し続けることが必要だと思いました」

「レシートをお持ちでないお客様から、商品返品のお申し出があったのですが、丁重にお断りしたら逆ギレされ、『お前の店では二度と買い物はしない、バカタレ』と罵られました」

お客からのクレームや問い合わせを逐次《ちくじ》社内ネットで閲覧できるようにする

実際、大手メーカーなどでは、お客様相談室を設けているところも多く、お客からの問い合わせやクレームといった情報を逐次社内ネットで全社員が閲覧できるようになっているところも増えています。お客からの製品やサービスへの意見や苦情は、今後の改善や新規開発につながるヒントに他ならないからです。

お客のガス抜きにつながる工夫も必要

お客が店に対して意見や要望を告げても、いつまでたっても実際の改善につながっていないと、これもまたお客の不満につながりやすいものです。

しかし、改善できない事情も諸々あったりするでしょう。

あるスーパーでは、「お客様の声」という投函箱《とうかんばこ》を設け、お客からメモの形で店への意見が届くようにし、それに対する回答を店長自らが記して、掲示板に張り出して「見える化」を図っています。これによって改善できない事情を理解したお客が増え、スタッフに直接告げる要望やクレームが著しく減ったという例もあります。

お客様の声「〇〇がいつも売り切れで買えないことが多い。なぜなのか？」

店長の回答「台風〇〇号の影響で現在メーカーからの入荷が遅れがちで、まことに申し訳ありません。順次品切れしないように心がけて参ります」

お客様の声「先日、焼き鳥を7本買ってパックに入れてレジを通ったが、後でレシートを確認したところ、8本で記録されていて不愉快な思いをした」

店長の回答「レジの打ち間違いで大変ご迷惑をおかけして、まことに申し訳ございません。レシートをご持参くだされば、ご返金させていただきます」

飲食サービスではスタッフの人数に合わせて客数も調整する

飲食店のアルバイトスタッフが、シフトをドタキャンすることはよくあります。ホールスタッフや調理スタッフが十分揃わないのに、お客を次々入れて満席状態にすれば、必ずお客から「ビールまだか?」「串カツまだなの?」「刺身どうなってるんだ?」などとクレームが続出します。こんな時はテーブルに予約席の札を立てて置き、あらかじめ対応できるキャパシティで営業することも大事です。

クレームやカスハラの芽は、事前に摘んでおく努力が重要なのです。

対策ポイント!

事前の情報共有を生かし準備万端でサービス現場に臨むことが基本!

6 カスハラと悪質クレーマーの見分け方

お客を甘く見ると失敗する

人は相手を「見かけ」で判断します。「気の弱そうな老人」「温厚そうな紳士」「おとなしそうな女性」「庶民的なおばさん」「舌足らずな喋り方をする小学生」……などなど、こうした相手がお客だとつい安心してしまいます。

いかにも反社会的オーラを放つ人物がお客だとたちまち緊張して対応するのに、相手が「おとなしそうに見える」というだけで油断するのです。

そのため、そうしたお客からの意見やクレームは軽くとらえ、簡単に処理できると判断しがちになります。次の会話は、お客を押し返そうとした例です。

おとなしそうな男性客　「すいません……、これ、昨日ここで買ったお皿なんですが、家に帰ったら割れてたんです」

店員「あー、お客さん、それ私が昨日梱包《こんぽう》した商品ですよね。はい覚えてますよ。箱の隙間《すきま》にクッションを入れて、落としても割れないぐらいにしましたから」
お客「でも、割れてたんですよ。困るんですが……」
店員「いや、これ以上ないほど丁寧に梱包しましたからねえ。おかしいなあ」
お客「……おかしいって、なんだその態度は!! 俺が嘘をついてるとでも言いたいのか！ ふざけるな、店長呼べよ！！！！」

この店員は、自分が丁寧に梱包したという自負もあったのでしょうが、最初におとなしそうな客だと判断し、謝罪することもなく軽くあしらおうとしたせいで、面倒な事態を招いてしまいました。

お客を疑うとトラブルを招く

これは、お客の言い分をまったく信用していない店員の態度が問題です。

これ以上ないほど丁寧に梱包したので、お客がよほど乱暴に扱わなければ割れるはずはない。だから、皿が割れていたのはお客の取り扱い上の責任と考えたのです。

原因究明ができないケースは「お客の主張」を受け入れる

この例では、責任の所在がどちらにあるのか、突き詰めても正解は導けません。もしかすると皿にもともと微細なヒビが入っていて、それを丁寧に梱包したことでかえってダメージを与えたのかもしれません。また、お客が帰宅途中で乱暴に扱ったかもしれません。いずれにしてもどちらが正しいかの証拠はありません。

この場合は、お客の主張を素直に認めて謝罪し、交換に応ずるのが正しい対応です。

こうした例は、飲食業においてよく起こります。「髪の毛が入っていた」「虫が混入していた」などのケースです。ここで「そんなはずはないんですが……」などと、ついうっかりお客の主張を信用しないセリフを発してお客を逆上させてしまうのです。

こういう場合、不本意でも、お客の主張を信じ、受け入れるしかないと心得ておきましょう。

謝罪だけでは許そうとしないタイプが悪質クレーマーになりやすい

商品破損などのクレームの場合、相手の主張を素直に受け入れて、「それは大変申し訳ございませんでした。直《ただ》ちにお取り替えさせていただきます」と謝罪すれば、許してくれるケースが大半です。そうすれば、「これホントにうちで買われた物ですか？」「乱暴に扱わなかったですか？」などのいらぬセリフを発してお客の感情を損ない、対応に手間取るよりは、結果的に手間や時間などのコストが安くつく場合が多いでしょう。お客の言うことは信じなくてはいけないのです。

しかしこの時相手が、おわびで済む話なのに、「それだけかよ、それじゃあ納得いかないな」などと言い出す場合は、悪質クレーマーの疑いがあります。

こういう場合、お客と思って恐縮していつまでも下手に出るばかりの対応では、ほぞを噛むケースが少なくありません。この場合は、後述する毅然たる悪質クレーマー対応が望まれます。ここで明確にしておきたいのは、クレーマーや悪質クレーマーは、すでに「お客」ではないということです。

「お客様は神様」どころか、悪質クレーマーなどは「悪魔」と言ってよいでしょう。

対策ポイント！

お客を甘く見ず主張を信用する。謝罪で納得しないのはクレーマーの疑いあり！

7 カスハラ防止のポイント

すべてはサービス側の「謝罪の言葉」から始まる

カスハラを防止する重要なポイントは、お客の問い合わせやクレームに対して、最初に、「こちら側の非があるなしにかかわらず謝罪する姿勢が基本」だということです。

商品やサービスに対するクレームが正当なものかどうか以前に、お客が問い合わせしなくてはならない状況を招いたのはサービス側だという観点からの謝罪です。

お客「あのね、店員さん。新型コロナの感染防止上、『スーパーへの買い出しは3日に1度、家族を代表する1人で』と東京都知事も呼びかけてますよね。あそこ見てよ、夫婦2人に子供3人の5人連れで、このスーパーに来てるのよ。店に5人も入らせちゃダメでしょ。店としてちゃんと警告すべきよ！」

店員「お客様、大変申し訳ございません。お店の入り口に『感染防止ご協力のお願い』

を掲げていますが、あくまでご協力のお願いなので、お客様の個々のご事情にまで踏み込んで、店としての関与は出来ないものと考えております」

お客「それなら、この店がクラスター感染の発生源になってもいいわけね？」

店員「申し訳ございません。決してそのようなことは考えておりませんが、店としては毎日最大限の努力をするのみでございます。ご心配をおかけして申し訳ございません。いつもご利用いただきありがとうございます。」

お客「ああ、そう……（トーンダウン）」

このように、お客とのやり取りには、サービス側は最初に「謝罪の言葉」を入れるよう心がけておけば、丁重かつ低姿勢に映るため、カスハラ防止には役立ちます。

「クレーム」の初期段階でなぜ謝るのか？

日本では、お客のクレームを聞いた初期対応の段階で、まずサービス側はお詫びの言葉を伝えるのが常識になっています。

「それは大変ご迷惑をおかけして申し訳ございません」というフレーズです。

なぜ、こちら側に非があるかどうかもわからない初期段階で、謝罪の言葉を口にしなければならないのでしょうか。

それは、お客の主張を受け入れる姿勢を示すために他なりません。

欧米では、このような対応をすることはまずありません。

欧米では、謝罪はこちら側に非があることを認めたことになりますから、最初に謝罪の言葉を出すことは禁じ手になっています。「謝罪＝損害賠償」という図式になることを恐れるからです。そのためクレームに対しては、謝罪どころか、初めから言い訳のオンパレードで応酬します。

一方、日本では、相手が遭遇したアクシデントにわずかでも関わりがあれば、情に流され、「私が悪かったのかもしれない」と安易にミスを認め、反省や謝罪の言葉まで口にしがちです。しかし、最初の謝罪は、あくまでも「不快な思いをさせたことへのお詫びである」ということをしっかりと認識しておきましょう。お客の主張を何もかも受け入れるのではなく、クレームの内容について謝罪するかどうかは、このあとの段階です。

日本では、最初に謝罪しても問題ない

悪質クレーマーの中には、「さっき、それは大変申し訳ございませんって謝ったじゃないかよ。何で今頃になって前言を翻《ひるがえ》すようなことを言うんだよ」などと絡んでくることがあります。

そんな時には「お客様にご迷惑が及んだとおっしゃる状況に対して、お見舞いの気持ちで申し上げたものでございます」とスパッと切り返せばよいだけです。

カスハラを防止するためには、お客に「あるべき状況でない」と「早とちり」させて怒らせないことが、何より重要です。そのためにこそ、「謝罪の言葉」でお客の話を受け止め、さらに、「いつもありがとうございます」の「感謝の言葉」も添えると、いっそう効果的なのです。

対策ポイント！

「謝罪の言葉」と「感謝の言葉」はお客の「承認欲求」を満たす！

8 カスハラや悪質クレーマーへの対応ステップ

カスハラの形態をパターン分類する

カスハラの形態は非常に広く複雑ですが、概《おおむ》ね次の2パターンに集約されます。

1　サービス側に対し、お客が嫌味を言ったり、暴言を吐く行為

2　サービス側に対し、お客が被害や迷惑を過剰に訴え、金品などを要求する行為

これらはいずれも、社会通念上、常識の範囲を超えた行為ですが、1は、日常的によく見られる典型的なカスハラ行為で、自分の気に入らない状況に、「いつまで待たせるんだ。早くしろよ、バカヤロウ！」などと怒鳴り、「俺は客だ」とばかりに居丈高《いたけだか》に振る舞います。ただし、罵倒などの「捨て台詞」だけで終わるケースも多く、たとえ文句が長引いてもサービス側の謝罪対応で収束することが少なくないでしょう。

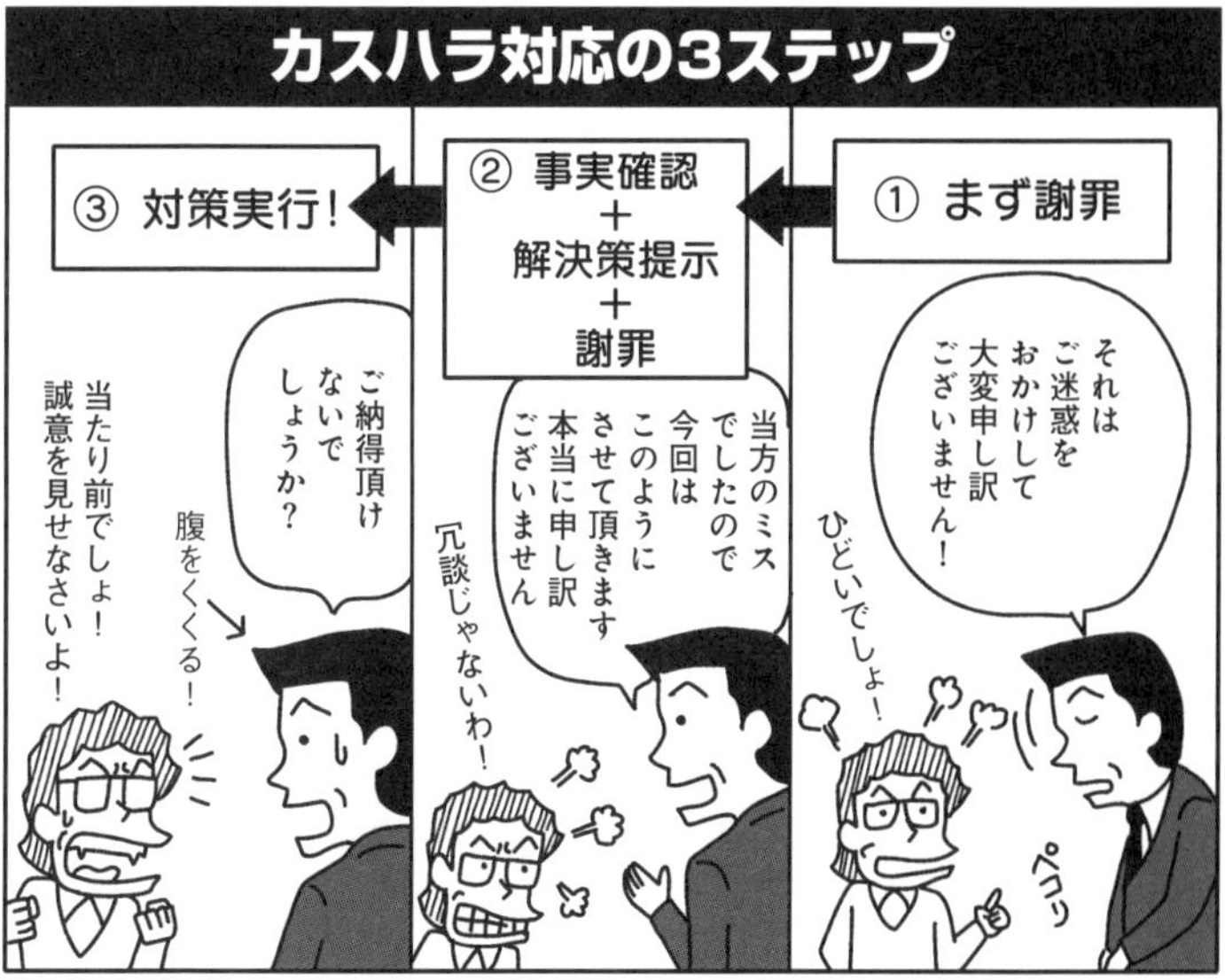
カスハラ対応の3ステップ
① まず謝罪
② 事実確認
＋
解決策提示
＋
謝罪
③ 対策実行！
それはご迷惑をおかけして大変申し訳ございません！
ひどいでしょ！
ペコリ
当方のミスでしたので今回はこのようにさせて頂きます本当に申し訳ございません
冗談じゃないわ！
ご納得頂けないでしょうか？
腹をくくる！
当たり前でしょ！誠意を見せなさいよ！

2のほうは、当初はサービス側へのミや落ち度の指摘から始まるので、「通常レーム」と見間違いますが、実態は「悪クレーム」そのものに他なりません。

サービス側の謝罪や対応に決して納得ず、自分の要求を不当かつ執拗に主張しけるケースだからです。こちらのほうは、の対応に手間と時間もかかりますが、「悪クレーム」と判断する基準を心得ておけば、対処も容易になるはずです。

カスハラには「3ステップ」で合理的に対処する

何かの拍子に、お客がサービス側に不や怒りを感じることがあっても、通常なら、それを指摘されたサービス側が「謝罪」することで解決するのがふつうです。

しかし、カスハラに転じるのは、そうした一度の「謝罪」だけでは納得しないケースです。怒りを爆発させ、激しく罵倒したり、ネチネチと説教を繰り返したりと、サービス側スタッフは何度も頭を下げて詫びさせられることになります。

時として、「正式な文書で謝罪しろ」と要求したり、「なんらかのサービスを加えて謝罪しろ」などという悪質クレーマーに変質するケースも往々にして見られます。

いずれにしても、こうしたカスハラに対処する場合は、3ステップで判断し、対応することがスムーズです。

ステップ1〈謝罪〉……お客の指摘する事柄や話を、謝罪した上で聞きとめていく。

ステップ2〈状況判断〉……お客の指摘する内容を把握する。

クレームに対し、サービス側に非がある場合は謝罪して解決策を提示します。しかしそれで許そうとせずに、さらに絡んでくるお客の場合はカスハラや「悪質クレーマー」と判断し、通常のお客様対応とは異なる性質のものと腹を括《くく》って大まかな対策を立てます。

ステップ3〈実行〉…………本書で紹介している方法に則《のっと》り、具体的に行動していきます。

このように3ステップでカスハラ対策手順を頭に描いておけば、予想外の状況にとまどったり、相手の要求に特段慌てる必要もなくなります。いつまでも平身低頭で謝罪を続けることもなく、すっきりと割り切った実践的な対応ができるようになります。

次の第2章からは、まず日常的に生じるカスハラ対処法について見ていきます。そして第3章からは、「悪質クレーム」への対処法についても見ていきます。カスハラ対策は、決して難しいものではないことが実感いただけるはずです。

対策ポイント!

「3ステップ」で合理的に考えれば、カスハラ対策も容易になる

第2章

カスハラの正しい防御と撃退法

その1 アサーティブなふるまいを身につける

「アグレッシブ（攻撃的）」も「パッシブ（受動的）」もどちらのタイプもよくない

人の性格はそれぞれ違いますが、ひとりの人でも、態度や行動は、時、場所、状況によってさまざまに変化します。

たとえば、アグレッシブタイプで振る舞う時は、「積極的・能動的・攻撃的」な面が主流になります。自分の主張は強く押し出しますが、他人の話はあまり聞かず、支配的に振る舞う傾向です。カスハラを行う客は、悪しきアグレッシブタイプの典型といえるでしょう。

一方で、パッシブタイプは「消極的・受動的・防衛的」な面が多く出てきます。自分の主張より相手の意見を尊重しますが、過剰に従属的になる場合もあります。

また、会社や家庭ではパッシブでも、サービス現場のスタッフに向かう時は横柄だったり、居丈高なカスハラ攻撃を行うなど、一定の場面でのみアグレッシブタイプに変貌する場合もあります。

これは決して珍しいことではありませんが、一方で、カスハラ攻撃を受けるサービス側は、常にパッシブでいなければならない――と、必要以上に我慢と忍耐を強いられているのではないでしょうか。

しかし、「アグレッシブ」も「パッシブ」も、これらはいずれも望ましい人間のタイプとはいえないのです。

「アサーティブ」のマインドで対処すべし

アグレッシブでもなければ、パッシブでもない理想的なタイプがあります。

それが「アサーティブ」タイプです。人間関係はお互いが平等であり、必要以上に上下関係を意識することなく、「対等な立場における率直な自己主張を行う」という意味で、人間の公正・平等な関係を保とうとする立場です。

「お前らバカだな、死ねよ！」などのお客の罵声に対しても、怒らず、黙り込むのでもなく、「お客様、そういう言葉は困ります」などとサラリと率直に主張する立場がアサーティブです。攻撃的でもなく、受動的でもない、冷静沈着な立場です。

「ページング」だけではカスハラ攻撃が続くだけ！

人と人との会話のコミュニケーションでは、相手との関係性を良好にするため、常に人は相手のペースに言葉や態度を合わせようとします。

笑顔で話す人には、笑顔で楽しそうに応じていきます。何かで悲しむ人には、こちらも悲しい表情で対応するものでしょう。このように相手のペースに合わせることを「ペーシング（同調）」と呼びます。人は意識する・しないにかかわらず、こうしたコミュニケーションを行うものです。

では、お客からいきなりハラスメント攻撃を仕掛けられた際、サービス側スタッフが、直ちに「申し訳ございません！」と謝罪の言葉で応じるのはどうでしょうか。

「攻撃」に対して、「恐縮」や「委縮」といった、人一倍パッシブな態度で応じるのも、実は反射的に「ペーシング」を行っているからに他なりません。

適切かつマイルドな「ディスペーシング」がお客を覚醒させる！

では反対に、カスハラ客が「バカヤロウ！」などとスタッフを罵ってきた時にすぐさま「バカヤロウとは何だよ！」などと言い返したら、どうなるでしょうか。

カスハラ客のペースに合わせない態度を「ディスペーシング（反同調）」と呼ぶのですが、通常、こんなストレートな「ディスペーシング」をお客に対して行うわけにはいきません。カスハラ客とスタッフ側は、言い争いになり、険悪な状況になるはずだからです。かといってペーシングで同調してしまうのも相手のペースになってしまいます。

そこで、ここで行うべきは「マイルドなディスペーシング」です。お客の暴言を制したい時には、前述のアサーティブな態度で「マイルドなディスペーシング」を行うことが大事です。これにより、お客の暴言を適度に牽制出来るからです。

「バカヤロウ！」などと、カスハラ客に罵倒された時は、「お客さま、そういう言葉はご勘弁くださいね」などとサラリとマイルドに伝えるのです。これなら、お客も場違いなセリフを吐いたと瞬間的に覚醒させられ、冷静にさせる効果があります。

「同調」するばかりではカスハラを助長させるだけだからです。

対策ポイント

「マイルドなディスペーシング」でカスハラ客を沈静化させる！

カスハラを受けた時の対処法

その2

マイルドなディスペーシングでこちらのペースに引き込む

カスハラ客を増長させる過剰な「ペーシング」には問題がある

前項でお伝えしたように、カスハラ客が突然、スタッフに向かって暴言を吐くと、スタッフ側は驚き緊張し、即座に恐縮して対応するのがふつうです。これが怒鳴るカスハラ客へのペーシングだからです。そして、ひたすら「申し訳ございません」と平伏し続けてしまうのですが、これはカスハラ客の暴言を助長する態度でもあります。そこで、ディスペーシングに変えていかなくてはいけないのですが、とはいえ、お客に怒鳴られた時に、「お客様、申し訳ございません」と焦って委縮し、謝罪するのは、人の習性ゆえになかなか軌道修正しにくいものです。

それでも、こうした神妙な態度がかえってカスハラ客を増長させているのだとしたら、今後の対処法を、改めて考え直さなくてはいけません。

アサーティブな態度に徹し、こちらの態度にカスハラ客をペーシングさせる

カスハラ客に過剰にペーシングして、委縮して謝罪するばかりだと、カスハラ攻撃は終わりません。そこで、サービス側がアサーティブかつマイルドな「ディスペーシング」で、こちらのアサーティブな態度にこそ、相手をペーシングさせる、という対応を行いましょう。次のコンビニのレジ場面では、お客も次第にトーンダウンしていきます。

お客「何でチャーハンにスプーンしか付けねえんだよ。フォークもつけろよ、バカ」
店員「申し訳ございません。チャーハンは通常スプーンですので。フォークもお付けする場合は、一言おっしゃっていただけますか？」
お客「お前のほうから聞かないのが悪いんだろ。いちいち、客に言わせるのかよ！」
店員「はい。フォーク、スプーン、ナイフ、割り箸と4種類もございますので……」
お客「あ、そう…。わかったよ。へっ……（トーンダウン）」
店員「申し訳ございません。今後はご協力をお願いいたします」

ここでは、お客に「バカ」と言われても、ひるむことなく冷静にアサーティブな態度でお客に対し申し立てをしています。マイルドなディスペーシングです。

これが、カスハラ攻撃に遭遇《そうぐう》した時に取るべき、正しい態度です。

「アサーティブ」は、日本語で言い直すと、「理性的な大人の態度」となるでしょう。

カスハラ客に恐れおののいて平伏するのではなく、やんわりとお客の行動にまで言及し、サービス側の置かれた立場も明確にしています。

実際には、お客のセリフに対し、「反論」しているわけですが、お客を怒らせるところまでは踏み込んでいません。

たとえバカと罵倒されても、マイルドな「ディスペーシング」の姿勢で、アサーティブに対応すれば、このように次第にカスハラ客の態度も、店員側にペーシングさせられるのです。

率直な気持ちのアサーティブな一言が、カスハラ客への牽制になる！

アサーティブ対応（理性的な大人の態度）を継続していけば、カスハラ行為は封じられていきます。

お客「これ、税込で550円だけど、財布の小銭が540円しかないんだよ。10円負けてくれへんか、あるいは兄ちゃんが10円おごってくれへんか？」

店員「申し訳ございません。そういうことは行っておりませんので」

お客「なんでやねん！　たった10円やないか、ボケ！　なんちゅうケチな店や」

店員「すみません、店としてそういった対応はしておりませんので」

お客「いつも買ってやってる客やで俺は。10円負けろよ！」

店員「お客様申し訳ありませんが、それでは警察に通報せざるを得なくなります」

お客「うっ……、じゃ、ええわ。ほら、千円でお釣りくれ……（トーンダウン）」

カスハラ客を増長させないためにも、アサーティブ対応を磨きましょう。

対策ポイント

過剰な「ペーシング」はＮＧ。「理性的な大人の態度」が威力を発揮する！

カスハラを受けた時の対処法

その3

「沈黙」は防御のひとつになる

お客との問答からカスハラが行われてきたらどうする？

第1章でお伝えした通り、お客からの問い合わせやクレームに対してサービス側が発する第一声は、「申し訳ございません」や「ありがとうございます」が基本になります。まずはお客の「承認欲求」を満たすべきだからです。

お客「お宅の店は、なんでA社の『〇〇カップラーメン味噌』を置いてないの？ テレビで盛んに宣伝してる売れ筋商品なんだから、置いてちょうだいよ」

店員「申し訳ございません。ご不便をおかけ致します。仕入れ担当に伝えるようにいたします。ご指摘ありがとうございます」

お客「あんたらはさ、適当にいつもそう答えてるけどね、大分前だけど、B社のパスタソース〇〇を置いてよとお願いしたのに、それもいまだに揃ってないよ。どうせ、客の言うことなんか、あんたらは聞き流してるだけなんだろ?」

店員「申し訳ございません。仕入れには伝えてはおりますが、お客様のご要望に必ずしもお応えできない場合もございまして、ご指摘は有難く承っております」

お客「あのさ、お客の要望は本来優先的に聞いて、一度は要望された商品を店に置くべきだろ。売れ行きとかを見て、その後で置くか置かないか判断しろよ」

店員「申し訳ございません。そういう方向で努力したいとは思っております」

お客「お前らさー、本気で商売やる気がねえ、ただのバカ店員なんだよな」

店員を「バカ」呼ばわりです。こんな展開になっても、「申し訳ございません」とひたすら恐縮して頭を下げ続けないといけないのでしょうか。

罵倒されても怒って言い返すのは禁物

もちろんここで、「バカってなんですか!」などと反撃するのはNGです。

それではたちまち、カスハラ客の思うツボとなり、「バカだからバカと言って何が悪い。

「沈黙」がカスハラ客の機先を制する!
《カスハラ発生!》
このバカ店員が!
ん?
《沈黙モード》
何とか言えよ!
……(沈黙)
《立ち去る!》
失礼します!
おえ?
くるっ

お前らが、お客の要望を反映しねえから、バカと言ってるんじゃねえかよ!」などと嬉々として絡んでくることにもなりかねません。

カスハラ客は、店員が怒って反論したとたん、待ってましたとばかりに、「この店の店員の態度はどうなってるんだ、店長を呼べ」などという展開を望むでしょう。

騒ぎを大きくし、あわよくば悪質クレーマーとなって、「どうオトシマエつけてくれるんだよ?!」などと不当な要求をしてこないとも限らないわけです。

突然黙り込み「沈黙する」

「ただのバカ店員なんだよな」などのお客の罵倒に遭遇したら、ここできりっと姿勢を正

し、無言になるワザもサービス側は覚えておきたいところです。
これ以上、相手に向かって「申し訳ございません」を繰り返したところで、増長したお客は、カスハラをやめず、次々と罵声を浴びせがちになりかねないからです。
沈黙するといっても、お客の顔を睨みつけてはいけません。口を真一文字に閉じ、無表情のまま相手に向かって静かに眺めるだけです。お客が続けて「なんか言えよ、コラ!」などと挑発してきても、しばし無言のままで、「では、失礼いたします」と踵《きびす》を返し、その場から立ち去ります。「沈黙」は、一見何の意味もない態度に映るかもしれませんが、相手の攻撃を遮《さえぎ》る楯《たて》のような役割があります。お客から見ると店員が何を考えているのかわからず、不安な気持ちにさせる効果もあるからです。

対策ポイント !

カスハラが続いたら、しばしアサーティブな「沈黙」で応じ、その場を去る!

カスハラを受けた時の対処法

その4

「客扱い」をやめる

他のお客の迷惑になるカスハラ客が来たらどうする?

店に入ってくるなり、他のお客にも聞こえよがしに、わざと大きな声で「この店はいつもホントにしょぼいんだよなー、店員は愛想がねえし、品揃えは悪い、品質にも問題のある商品を平気で並べてやがるんだからなー。どうしようもねえ、詐欺師みたいな店だよなー」などと吹聴《ふいちょう》しまくるカスハラ客が登場した場合、サービス側はどう対処すべきなのでしょうか。

もちろん、こうした行為は法律に触れるものです。

虚偽の風説を流布するのは、「信用毀損《きそん》業務妨害罪（刑法233条）」に該当しますし、大声を出すのは「威力業務妨害罪（刑法234条）」だからです。

こういう場合、ありがちな対応は「お客さま、他のお客様のご迷惑にもなりますから、大声をあげるのはやめて頂けますか」などと慌てて止めようとすることです。2～3人のスタッフでお客を囲み、みんなで睨みつけてこう威嚇すれば、たいていは退散するものです。

しかし法に触れないよう、巧妙な言い回しで独り言を装い、店の商品にいちいちケチをつけて歩くお客もいます。「なんだこれ、色が最悪だな。なんだこの洋服ダサー、値段もべらぼうに高いなー」などと、独り言を聞こえよがしに話しながら回遊するカスハラ客の場合です。たいてい以前に店と揉めたりしたお客が、その仕返しであるかのように来店し、店と再び揉めることを期待してやってくるケースだったりするのです。

こんな時にはどう対処したらよいでしょうか。

無用なやり取りを続けるのは時間の無駄になる

こんなカスハラ客を見逃し放置しておくと、ろくなことはありません。

店のスタッフにとっても、耳障りな言葉をつぶやき続けてくるのですから、苛立たせられます。

こんなケースでは、お客の傍《そば》に張り付いて、「お客様、すみませんが、お客様がお気に召される商品が、今、当店にはないようですので、今日のところはお引き取り願えますか？」

などと気を遣って、優しく声をかけることにもなるでしょう。
するとと待ってましたとばかりに、カスハラが始まります。

お客「なんでだよ、商品を選んでるのに、帰れっていうのかよ。バカじゃないのかお前。俺は客だぞ。お客に対して帰れとは何だよ、ふざけんなよ」
店員「でも、さっきからうちの品物をけなすばかりで、選んでらっしゃるようには見えませんから」
お客「お前にどう見えようが関係ねんだよ。俺は真面目に商品を選んでるんだから」

「お客」と看做《みな》さず「業務妨害者」として扱う

こうしたやり取りは、不毛なだけで、カスハラ客を喜ばすだけでしかありません。カスハラという「嫌がらせ」は、サービス側が気を遣いすぎると、お客を増長させるだけだからです。こんな時には、余計なことは一切言わず、お客に近づき、一言アサーティブに伝えるだけでよいのです。

店員「お客さん、営業妨害なので即刻お帰りいただきたいのですが。でなければ不退去罪（刑法130条）で警察に通報させてもらいます」

お客「な、なんでだよ。俺は商品を選んでるお客なんだぞ」

店員「他のお客様の迷惑になりますので、うちはあなたをお客と認識していません。だから通報します」

お客「うっ、な、なんて店なんだよ、わかったよ。帰るよ」

犯罪のグレーゾーン行為を繰り返すカスハラ客には、お客扱いするような余計な「気遣い」は無用なのです。毅然とした態度で臨んだほうが効果的です。

対策ポイント！

お客扱いをやめ、毅然とした態度ですばやくシャットアウトする！

カスハラを受けた時の対処法

その5 「メタ認知」で平静を保つ

ハラスメント攻撃を受けると動物が「敵」と遭遇した時と同じ反応になる！

一生懸命お客を怒らせないよう気を遣い、丁寧な接客に励んでいても、カスハラ客は容赦なく、サービス側スタッフに挑んで来ることが少なくありません。

店員「お客様、こちらの商品を当店でお買い上げになられ、未使用なので返品されたいということですが、レシートとかはお持ちでないでしょうか？」

お客「財布の中を探したんだけど、見当たらなくてね。でもその包装の袋は、おたくの店のやつでしょ？」

店員「あ、はい、たしかに袋は当店のものですが、お買い上げいただいたレシートがないと、商品の返品処理は出来かねまして、大変申し訳ないのですが……」

お客「おい、なんだと！　てめえ、俺の言うことを疑ってんのか？　ふざけんなよ！」

いきなりお客が逆切れして怒鳴り出した瞬間です。

突然こんな罵声のハラスメント攻撃を浴びると、怒鳴られた人は危機を察知した瞬間に恐怖を感じ、全身を硬直させ固まるものです。

実はこの緊張状態こそ、動物が「敵」と遭遇した時の反応と同じなのです。

動物の場合は、敵と闘うか、全力で逃げるかを判断しなければならない追い詰められた瞬間です。しかしもちろんスタッフは逃げられません。全身の筋肉が硬直し、心拍数が上がるこの瞬間、人にとっては交感神経が極度に活性化し、緊張で落ち着かない不快な状態となります。

「メタ認知」で心の平静を保つ

この状態は、生体反応としてはもちろん正しいのですが、人としては冷静な判断や態度が失われ、冷静にアサーティブな対応を取ることが不可能になる恐れがあります。そこで瞬時に緊張を解きほぐし、カスハラ客と対等な立場で接することを意識してください。

そのためには、「メタ認知」の手法で、カスハラ客と自分との関係を矮小化《わいしょうか》し、客体化することで心の安定を保つことが大事です。「メタ」というのは「高次の」という意味で、

メタ認知！
見下ろすイメージ！
………
自分も相手も客体化！
副交感神経を活性化！
冷静！
深呼吸！
お客様！
お引き取りを……
脱力！
リラックス！

自分の意識を一段高いところに引き上げ、カスハラ客と自分との関係を見下ろしたイメージです。上空から地上の自分とカスハラ客を眺めるような視点を思い描き、カスハラ客と対峙するわけです。すると、「レベルの低い客と対峙する冷静な自分」という感覚が湧いてきます。相手は恐ろしい客ではなく、「哀れな客」という見下した感覚が、冷静さを取り戻させるキッカケになります。

深呼吸と全身の脱力で脳に「リラックス信号」を送る

そして、この時同時に、ゆっくりと深呼吸しながら、全身の緊張をほぐすべく、肩や腕の力を抜き、やや目を細めて、目の前のカスハラ客を眺めましょう。

これは、全身を緊張に導いている交感神経優位の状態から、「今はリラックス」という副交感神経を優位にする信号を自分の体感から送ることにつながるからです。

次いでゆっくり呼吸しつつ冷静かつアサーティブにカスハラ客にこのように告げます。

お客「何で返金出来ねんだよ、バカヤロウが！　お前じゃ駄目だ！　店長を呼べ！」

店員「お客様。どうか落ち着いてください。店内で大声は困ります。当店ではレシートがないと返品は出来かねるのです。以上です。お引き取りくださいませ」

対策ポイント！

「メタ認知」と「副交感神経活性化法」で心の平静を瞬時に取り戻す！

カスハラを受けた時の対処法 その6

客の承認欲求を満たし、理不尽な要求を退ける

お客が突然、暴言を吐いてくるのは、「お客である自分がないがしろにされた」と「早とちり」した場合も多いですが、自分の要求がスムーズに通らないことにより、腹を立てる場合も少なくありません。理不尽な要求にはどう対処すべきでしょうか。

カスハラを制止させる上手な「断り方」

お客「ねえ、このハイボール。ウィスキーが薄いよ。これじゃ、炭酸水じゃん」

店員「申し訳ございません。一応30㎖のウイスキーを計量して注いでいますが、それでも薄いという場合には、ダブルでご注文いただければと思いますが」

お客「じゃあ、ダブルにしてくれよ。値段は変わらないよな？」

店員「申し訳ございません。ダブルにすると料金は2倍になります」

お客「えっ、薄くてまずいハイボールを、おいしくとお願いしてるんだよ」

店員「はい、申し訳ございませんが、そういう決まりになっていますので」
お客「お前が、こっそりダブルにしてくれりゃいいんだよ。わかるだろ？」
店員「申し訳ございませんが、それはできないことになってまして」
お客「おいっ、てめえ、バカなのか？　それぐらいサービスするのは当然だろ」
店員「お客様申し訳ないですが、ご要望には添えません。しかし、ウィスキーはそのままで、氷の量と炭酸水を減らして濃くするのでは、いかがでしょうか」
お客「あっそう、そういうことなら出来るのか。じゃあ、それでもう一杯頼むわ」
店員「ははっ、ありがとうございます」

これは、「代替案」がある場合に、お客側に提案して歩み寄るという方法です。

お客側に歩みよる「提案」はお客の「承認欲求」を満たす

お客の理不尽な要求をただ突っぱねるのではなく、少しでも歩み寄れる提案があるなら、それを提示するとお客は喜ぶものです。

これは心理学の「返報性《へんぽうせい》の原理」を利用した、カスハラ客封じの方法です。

「返報性の原理」とは、相手から何らかの親切や施しを受けると、お返しがしたくなる心理のことです。スーパーの試食販売で、お客に無料で食べさせるのも、食べておいしかったら、「買わないと悪いかな」とお客に思わせる心理作戦です。

頑《かたく》なにハイボールをダブルにしろと迫るお客の要望を断りながらも、「ではこうしたらいかがでしょうか」と店員側が譲歩する提案をしたので、お客も譲歩しないと悪い気分になり、店員の提案を受け入れたケースだったのです。

お客は「自分の要求に沿った提案」は受け入れる

お客が自分の要求を通そうとしても、そうそう思い通りになる展開はありません。

そのため、お客は腹を立て、暴言を吐いてサービス側を罵り、自分の鬱憤《うっぷん》を晴らそうとするわけです。

これは、サービス側にとっては迷惑この上ないことですが、サービス側の何らかの譲歩の形になる提案で、お客の機嫌が直ることも少なくないのです。

顔見知りのお客には「いつもありがとうございます」が効く！

お客が顔見知り客だった場合には、要求を断る前に、「お客様、いつもご利用ありがとうございます」というセリフを先に繰り出しましょう。「面が割れている」「覚えられている」と思わせれば、「匿名性がない」ことを自覚させることができます。

お客「あの店員、さっきテーブルにスープこぼしたのに、謝罪もしなかったぞ」
店員「あ、お客様、いつもご利用ありがとうございます。大変ご迷惑をおかけして申し訳ありません。次回までには教育を徹底しますのでお許しくださいませ」
お客「うむ、あっそう……。ちゃんと教育しときなよ。土下座させようかと思ったよ」

「常連客」という特別な存在を認められると、「承認欲求」も満たされるわけです。

対策ポイント！

お客のメンツや立場を立てるとカスハラを防げる

カスハラを受けた時の対処法

その7 相槌の打ち方にもコツがある

お客を怒らせるうかつな一言を排除する

お客からの問い合わせやクレームといった話を聞く時には、お客に返答する内容だけでなく、「相槌」にも注意を払うことが必要です。

そうでないと、「なんだよ、あんたのその態度は！」「なんだ、そのセリフは！」「俺が嘘をついているとでも言うのか？」などと本題そっちのけでの、「態度が悪い」という二次クレームを発生させかねません。

たいていのお客は、サービス側スタッフよりも立場が上と思い込んでいます。

ゆえに、サービス側が当事者意識の薄い、素っ気ない「聞き手」であったり、お客への配慮や気遣いが足りない「タメグチ」に聞こえるような言葉遣いには、たちまち嫌悪感を募らせて怒りを爆発させます。次のようなセリフは絶対タブーです。

お客を怒らせる「3大フレーズ」
《疑いフレーズ》
ホントですか?
たりめーだろっ!!
《タメグチ・フレーズ》
それってマジすか?
たりめーだろっ!!
《他人事フレーズ》
それお客さんの使い方が悪いんちゃいます?
ぬあんだとォ!!

「へーっ、ホントすか?」「マジすか?」「やばいっすね、それ」「聞いたことない話だなー」「アハ、そりゃ大変だー」「ぼく、新人なんで、ちょっとそういうのは……」「それって、うちと関係あります?」「参ったな、そんなこと言われても」「お客さん、それ、メーカーに直接電話したほうが早くないすか」……などです。

お客は、自分の話をサービス側が誠実に聞き入れてくれることを望んでいます。

それにもかかわらず、こうした軽い言葉で受けられると、「あるべき状況にない」と感じ、怒りを爆発させるのです。

最初にお客の置かれた「困った状況」への謝罪

お客の話を聞く時には、お客の主張を、肯定的かつ全面的に受け入れている態度を、最初から謝罪の言葉で示すことが大事です。

「ご迷惑をおかけして申し訳ございませんでした」
「ご不快な思いをさせ、申し訳ありませんでした」
「ご不便をおかけして心よりお詫び申し上げます」

これらは、こちらの非を認めたわけではないものの、お客の問い合わせやクレーム内容について、まずはその状況を誠実に受け入れていくことを示唆する応答に他なりません。
このように、最初に真摯に受けとめる姿勢を示すからこそ、お客は安心して話を続けていくことができるわけです。

お客の立場や気持ちに共感する言葉での「相槌《あいづち》」が大事

お客の話に対して「相槌」を打つ時は、お客の立場や気持ちに「共感」を寄せている言葉が入らないと、サービス側の誠実さが伝わりません。

「なるほど、そうでしたか。それはお困りですよね。申し訳ございません」
「おっしゃる通りだと思います。行き届かずにご迷惑をおかけしました」
「ご指摘ごもっともなことと恐縮しております」

こうした配慮のある「相槌」で、お客の心をほぐしていくことができ、カスハラに発展するのを防ぐことができます。

対策ポイント!

お客の立場や気持ちへの共感を表す「相槌」でまずはサービス側の誠実さを伝える

カスハラを受けた時の対処法

その8

あえて「怖がっている」状態を演出する

「お、お客さん……、こ、怖いです……」の率直な表明

カスハラ客が自分の要求を押し通そうとして、サービス側に怒鳴り散らすケースがあります。そんな時は、現在わめき散らしているお客の態度が、常軌を逸した危険な脅迫行為と悟らせることです。それには、スタッフが本気で怖がることが有効です。

お客「なんだって？ クリーニング代として2千円出す？ 冗談じゃない、このスーツはイギリスの名門仕立て屋でわざわざあつらえたものなんだぞ。20万くらいしたんだ。まだ、おろしたてだっていうのに、ケチャップや油の混じったソースをぶっかけられて、シミが取れるわけないだろ。弁償しろよ。ざけんなよ！」

店員「お、お客様……。も、申し訳ございません。ただうちではクリーニング代のお支払いが精いっぱいでして……」

お客「てめえ！　ぶっ殺されてーのか！　20万円弁償しろよ、バカヤロウ！」
店員「お、お客様……、こ、怖いです……（縮み上がる）」
お客「ん？　や……怖い？　だってお前……、弁償しねえっていうから……」
店員「ほ、ホントに、こ、こ、怖いです………（恐怖に震える）」
お客「いや、あのな……、じゃ2千円寄越しな……。クリーニング代で勘弁してやるわ」

サービス側が恐怖で本気で怖がっている様子を見ると、お客は自分が発した脅しの言葉に目覚めます。いかに不穏当なセリフかと思い知れば、お客もバツが悪くなり、我に返って興奮も収まるわけです。これは、女性従業員が、興奮する男性客などに向けて行うと、冷や水を浴びせる効果があります。

「お願いですから、そんなに怒鳴らないでください」という哀願効果

女性スタッフが覚えておくとよい方法はもう一つあります。

女性スタッフが泣きそうな表情を作ったり、本気で泣いてしまうのです。上手にできるのであればウソ泣きでも構いません。

その時には、必ず「怒鳴らないでください」「大声はやめてください」といったカスハラ客への抗議アピールを、周囲の目を意識しながらあわせて行うことです。

「ギャラリー効果」が発揮されるとカスハラ客はうろたえる

カスハラ客は理不尽な要求をサービス側に呑ませようとして、口汚く罵ったり、怒鳴りまくります。これは威迫《いはく》によって、サービス側が譲歩や妥協に出てくれることを狙った脅し文句に他なりません。

社会通念上の正当な要求であるなら、わめいたり、怒鳴ったり、罵ったりしなくてもよいはずだからです。わがままな要求であることは、カスハラ客自身が認識しているのです。

こんな時には、周囲の人たちが見ているという「ギャラリー効果」を活用することです。サービス側が悪い客にいじめられているという「被害性」を演出してしまえばよいのです。

お客「てめえ、なめんなよ。コノヤロウ！　ふざけたこと言うんじゃねえっ！」

店員「そ、そんな……怒鳴らないでください……う、ううっ、うう…（慟哭《どうこく》する）」

お客「うっ……、な、なんだ……お前、泣きゃーいってもん…じゃ……（トーンダウン）」

このように、理不尽なカスハラを受けていることを演出し、周囲の目をカスハラ客に向けさせるのは、手っ取り早いカスハラ封じの方法になります。「女性を泣かせる男性」という構図ほど、男性にとってカッコ悪く、恥ずかしい思いを突きつけられるものはないからです。カスハラ客も、要求を引っ込めて、あきらめざるを得なくなるのです。

一般に、男性と女性が対峙したケースでは、「女の涙」は現代でもやはり大きな武器になります。目の前で女性に泣かれた男性はオロオロして、どうしてよいかわからなくなるのです。とくに年配男性には効果があるでしょう。「か弱い女を泣かせる悪い男」というイメージによる罪悪感が刷り込まれている年代だからです。

対策ポイント！

震え上がるか、泣くことで、周囲の「同情」を惹《ひ》きつける！

カスハラを受けた時の対処法
その9

「拍子抜け」は、相手の勢いを削ぐ

「頼りない対応」も威力を発揮する

カスハラ客は、理不尽な要求をなるべく早く通したいと焦ります。怒鳴ったり、罵ったり、暴言でしつこく威嚇してくるのは、そのためです。

不当な要求をする悪質クレーマーの中には、大義名分をかざして何日にも及ぶクレームの長期戦に挑む輩《やから》もいますが、そんなケースはむしろ少数派です。「短期決戦」で自分の要求をさっさと通したいのです。しかし、それゆえに、サービス側が次のような「頼りない対応や態度」を取ると、カスハラ客は虚を突かれて気勢を削がれることがあります。

お客「買ってすぐ故障するプリンターなんて要らねえよ。返金してくれ」
店長「申し訳ございません。ご使用品の返品は無理なので修理対応になります」

悪質クレーマーが困惑する対処法！
《不甲斐ない対応》
お客さん　スイマセン！わたし年寄りなんで店長の名札つけてますけど…何の権限もなくて…スタッフのマナーとかについては　本部に電話してくれませんか？
店長
《面倒臭くなりそうな対応》
お客様！そーゆーご要望につきましてはすべて本部対応になりますので、お客様のご連絡先をお伺いしたいのですが…
なぬ？

お客「冗談じゃねえ。不良品を売ったってことだぞ。昨日買ったばかりなんだぞ」

店長「申し訳ございません。そういう規約でございますから」

お客「納得いかねーな。お前店長なんだから、特別に返金対応しろや」

店長「私、店長と申しましても、実は名ばかりでして何の権限もないんですよ」

こんな理不尽なお客には「拍子抜け」させ、さっさとあきらめさせることです。

「長期」に及びそうな面倒な対応を示唆してあきらめさせる

短期にクレームを決着させて、何らかの自分の要求を通したいカスハラ客は、交渉が長期に及んだり、自分の氏名や電話番号といった連絡先を知られることを嫌います。後ろめたい思いがあるだけに、自分の存在を明確にしたくないからです。

そんなカスハラ客の思惑を見越した、次のような対応例も参考になるはずです。

お客「俺のほうが早く天ぷら定食を注文したのに、後から注文していた、あそこの家族連れのほうに先に来てるじゃないか。どういうことだよ」

店員「まことに申し訳ございません。順番を間違えてしまいました」

お客「順番間違えた？　それで済むのかよ、何かサービスしろよ」

店員「申し訳ございません。お詫び申し上げる以外にはございません」

お客「それじゃ、納得できないって言ってんだよ。ビールか何かサービスしろよ」

店員「それはお客様、ちょっとご希望には添いかねます。申し訳ございません……」

お客「納得できねーよ。じゃあ、文書で丁寧にお詫びしてくれよ。それなら許す」

店員「そういうご要望でしたら、本部に判断を委ねるしかなくなります」
お客「なんでそんな面倒臭い話になるんだよ、ビールぐらい出せ。店長と相談しろ」
店員「お客様、店長は不在です。後からご連絡を差し上げますから、お客様のお名前と電話番号を教えてくださいませ」
お客「もうええわい！　ビール注文するから、天ぷらとビール早く持ってこいよ」
店員「かしこまりました。ビールの追加のご注文、ありがとうございます」

こんなイチャモンをつけるのは、あわよくば理不尽な要求が通ると、甘く見ているからに他なりません。「納得がいかない」などとゴリ押しで粘るカスハラ客には、「店としては対応できないから本部対応になる」などと応じたり、後から連絡することとして、氏名や連絡先を尋ね、牽制することが大事です。

対策ポイント！

面倒臭い長期対応を匂わせたり、連絡先を問いかける！

カスハラを受けた時の対処法
その10

議論をシャットアウトする答え方

「質問攻勢」や「議論」をストップする

スタッフに対して「質問攻め」で時間をもてあそんだり、「議論」を吹っかけてくるといったカスハラもあります。特に電話でのやり取りでは少なくありません。「顔が見えない」といった匿名性によりかかったカスハラといえます。

担当者「お待たせいたしました。こちら〇〇サービス、担当の篠原でございます」
お　客「おい、お前んところは電話を受けるオペレーターは何人いるんだよ？」
担当者「はい、全国でお受けしていますが、こちら東京では30名前後ですが」
お　客「バカヤロウ、30名ぐらいじゃ足りねえだろ。さんざん待たせやがって」
担当者「申し訳ございません。お客様、本日のご用件は何でございましょうか？」
お　客「お前、今の仕事に就いて何年だよ？」

担当者「あの、お客様。そういった個人に関する事柄にはお答えできかねますが」

お客「なんでだよ？　お前の電話の受け答えが下手だから聞いてんだよ、答えろよ」

担当者「お客様、申し訳ございません。ご用件をおっしゃっていただけませんなら、これ以上の対応は致しかねますので、電話を切らせていただきます」

このように電話の場合は、サービス側も見切りをつける判断もしやすいものです。

再度、「篠原という奴を出せ、コノヤロウ！」などとかかってきた場合も、別の担当者が、「ご用件は何でしょうか？」と毅然として切り返し、撃退できるものでしょう。

電話を切っても、何度も繰り返す場合は、「お客様、この通話は録音されています。業務に支障をきたしておりますので、警察に通報いたします」と遮断できます。

対面の場合のシャットアウトの仕方

では、店頭などの対面で、お客が議論を吹っかけてきた場合はどうでしょう。

お客「君のところの店の看板は、やたらとけばけばしくて目立っているけど、街の景観といった問題を考えたことはあるのかな？」

店員「えっ、けばけばしいですか？　それは主観の問題かと思いますし、条例にも違反していません。道路にはみ出して設置しているとかなら、道路交通法違反ですが、うちはコンプライアンス第一で営業しておりますから」

お客「あのね、きみ。看板というものは目立てばいいってものじゃないだろう？　道を歩く人たちの気持ちというものにも大きな影響を及ぼすんだよ」

店員「はあ、それはよくわかります。ただ、お客様にそう言われましても、開店して10年以上ですし、多くのお客様にも馴染んでいただいておりますし」

お客「君ねえ、それが勘違いなんだよ。私のように不快に思う客もいるんだよ」

店員「はい、お客様の貴重なご意見として承っておきます。ありがとうございます」

このように、最後は「お客様の貴重なご意見として承ります」でシャットアウトすればよいのです。「業務がありますので、これで失礼させていただきます」と付け加えてもよいでしょう。お客の不毛な議論に付き合っても仕方がないからです。

暇を持て余し、話し相手を求め、店のスタッフに議論や質問を吹っかけるお客には、お客の主張したいことがわかった時点で、切り上げることが大事なのです。

そもそもお客と「議論」してはいけない

ただし、先のやり取りで非常に危ういのは、店員が「景観の問題」について主観の問題とか、条例に違反していないとか、お客に対して反論していることです。

これでは、お客と店側の意見の対立点を際立たせるものになってしまいます。

お客からの主張は、黙って傾聴しなければなりません。反論はタブーなのです。

できるだけ気分良く話をさせて、一通りお客の主張がわかった時点で、礼儀正しくシャットアウトすることが大事です。「なるほど」「ごもっともです」「おっしゃることはよくわかります」と共感しながら傾聴することを忘れてはいけません。

対策ポイント

お客との意見の対立点を浮かび上がらせない！

その11

必ず複数で対応する

サービス側は自分一人で対処しようと思わない

カスハラで心を病んで、サービス現場を去ってしまう人には、真面目な人が多いといいます。お客の口汚い罵倒のセリフを、真正面から重く受け止めてしまうからです。自分の至らなかった点を反省するあまり、接客に自信を失ってしまうのです。

カスハラは、お客の横暴な犯罪行為に他なりません。

カスハラを招いたのは自分のせいだ——などと重く受け止める必要はありません。サービス側が悪いのではなく、カスハラ客が悪いのです。

人間だったら、多少のミスや落ち度をしてしまうのは仕方がありません。次に気をつければよいだけです。次のような場面なら、救援依頼も容易でしょう。

店員「お客様、こちらのクレジットカードにはご署名がありません。ご署名のないカードはお使いいただけません」

お客「おい、こないだは、ふつうに使えたぞ。なんでお前がレジの時はだめなんだよ」

店員「あのう、クレジットカードの規約はどこもそうなっていますので」

お客「うるせえっ！　カード通せよ、殺すぞ、てめえ！　ふざけんじゃねえっ！」

店員「店長を呼びますので、少々お待ちくださいませ」

お客の理不尽な要求に接したら、このように「救援」を求めるのも正解です。

一人より、二人といった複数での対応のほうが、はるかに現場の負担が軽くなるからです。

自分のミスの時でも「救援依頼」すべし！

しかし、自分のうっかりミスかもしれない時は、なかなかそうはいかずに、自分一人で解決しようとしがちです。

お客「さっき買った弁当だけどな、レシートでは580円の支払いなのに、千円出して釣銭を数えたら、320円しかなかったぞ。ポケットに釣銭をそのまま入れてたから、こっちの間違いなんかじゃねえぞ。お前、そうやってちょいちょい100円とかの金額の釣銭をわざと抜いて懐に入れてるんだろう」

店員「お客様、お釣りが不足していたのですか？　申し訳ございませんが、そういうことは、その場ですぐおっしゃっていただきたかったですが……」

お客「なんだと、てめえ、釣銭ごまかしといて、盗人《ぬすっと》猛々《たけだけ》しい言い分じゃねえか」

店員「いえ、そういうつもりは、滅相もありません」

お客「客に文句つけやがって、てめえ、どうオトシマエつけんだよ、おい、100円返すだけじゃ許せねえな。10倍にして返してもらおうか、どうなんだ？」

「弱み」を握られないことが重要

こんな時、店員の脳裏に走るのは、「レジ係として釣銭を間違えた」というミスへの重い受け止めです。また、時々わざと釣銭をごまかしているという疑いをかけられたことの心の動揺もあるでしょう。

そんな思いから、店長を呼ぶという「救援依頼」を躊躇《ちゅうちょ》しがちになるのです。

100円を返すだけでは許さない——というカスハラ客の主張する「千円返し」の誘惑にも負けてしまいそうな瞬間です。

しかし、ここで自分のポケットマネーで千円をカスハラ客に支払ってしまったら、この店員は、次もターゲットにされかねないことでしょう。

こういう理不尽な難題を突きつけるお客が来た時こそ、店長や同僚などの救援を呼ぶべき時といえるのです。お客に「弱み」をつかまれてはいけないのです。

「ただいま、店長を呼びますので、お待ちください」と堂々と告げねばなりません。

対策ポイント

一人で対応しない。「救援」を呼び複数対応に移行する！

カスハラを受けた時の対処法 その12

すぐに録音を始める

カスハラの「証拠」は必ず残すようにする

カスハラは、ただの罵倒や暴言で終わらず、悪質クレーマー化し、やがて脅迫行為に及んでくるケースもあるものです。

複数で対応していれば、もう一人の側がカスハラ客の言動をあとから証言することもできますが、スタッフがたった一人で対応している場合は、カスハラ客に「俺はそんなこと言った覚えはない」などと後から否定されたりします。

お客「お前さっき、こっちのパソコンなら、10ポイントお付けしますって言ったよな。だから、俺は買うことにしたんだよ。それが3ポイントって何だよ」

店員「すみません。10ポイントは私の勘違いでした。申しわけございません」

お客「謝ってすむかよ。10ポイントちゃんと付けろよ。いいな」

店員「すみません、規定でそれは出来かねます。申し訳ありません」

お客「おい、てめえ、ぶっ殺されたいのか？　お客をなめんじゃねえぞ」

店員「申し訳ございません。ホントにご迷惑をおかけして……」

お客「誰だって間違うことはあるよ。だから、今度は俺へのお詫びの印として、お前がレジで10ポイント間違えたことにして付けてくれればいいんだよ」

店員「……」

お客「お前次第でこの場は丸く収まるってことよ、わかるだろ？」

店員「はあ、あのう、今のやり取り録音してますので、店長に相談して参ります」

お客「な、なにっ、畜生っ。もう二度とこんな店来ねえからな、バカヤロウ！」

無断で録音しても構わない

会話を相手に無断で録音することは、「盗撮」や「盗聴」と同じように、犯罪になるから「違法」と考える人もいるかもしれません。

しかし、自分と当事者である相手との録音は「秘密録音」と呼ばれ、「違法」とはなりません。また、相手の人格権の侵害にもあたりません。

ちなみに、第三者間の会話などを録音した「盗聴」の場合でも、「盗聴」そのものは犯罪ではなく、「盗聴」に前後する行為が法に触れるのです。

たとえば「盗聴器」を取り付けるために他人の住居に入れば「住居侵入罪」となったり、電話回線につなげば「有線電気通信法」に触れたりするわけです。

ゆえに、暴言や罵倒といったカスハラが始まった場合には、用心して「秘密録音」を始めてもまったく問題ありません。

証拠こそが絶対的価値を持つ！

スマホで録音するのもよいですし、今は小型で高性能なボイスレコーダーも2～3千円から売っています。これを常にポケットに忍ばせて、罵倒が始まったり、脅迫的言辞が含まれそうなら、直ちにスイッチを入れるのです。

後から第三者にカスハラの被害を理解してもらい、自分の立場を守るためにも、これはとても重要です。

店の中で、他のスタッフと揉めたり、暴れたりする客がいたら、これも離れた場所から、スマホで動画として録画するのがよいでしょう。

後からお客に損害賠償請求する場合でも、警察や裁判の証拠とするのに役立つからです。

近年は防犯カメラがあちこちに普及していますが、やはり目の前のカスハラ客の言動をきっちり録音して、記録に残しておいたほうが安心です。

スタッフの勉強会で、こうした録音をみんなで聞いて、カスハラ対策の参考資料とする時にも便利です。


対策ポイント！

カスハラに遭遇したら直ちに「秘密録音」が正解！

カスハラを受けた時の対処法

その13

タクシードライバーの場合

密室でのカスハラには妥協は禁物

タクシードライバーも、日常的にカスハラと無縁ではありません。ドライバーを格下の存在と見下すような邪悪な客が少なくないからです。

しかし、ドライバーにしてみれば、見るからにへべレケに酔っぱらった客などはトラブル懸念から乗せたくないのも道理ですが、手を上げて呼び止められれば、乗車拒否になるので停めないわけにもいきません。

車中という密室で、カスハラ客と遭遇する大きなリスクを抱えているのです。

タクシーは、道路運送法で、客を乗せると目的地まで輸送する契約が成立したとみなされます。そのため、輸送中にお客とトラブルがあっても、お客を途中でおろすことが許されず、かつてのドライバーは大きな負担を強いられました。

しかし今日では、事業者個々が「運送約款」を定め、国土交通大臣の認可さえ得れば、ドライバー自身がお客のモラハラ、パワハラ、セクハラ、喫煙行為などへの中止要求も行え、お客が従わない場合には強制的にお客を降ろすことも認められています。さらにタクシー側が損害を被った場合には、お客に損害賠償請求も行えるように変わってきています。ドラレコの普及も相まって環境は好転したのです。

素早い対応がドライバーの身を守る

酔っ払い客は、行き先を告げたのち眠りこけることが多いものです。そして途中で目を覚ますと、次のような御託を並べ始めたりする場合があります。

お客「うん……？　あれ、ここどこ……？　運転手さん、今どこ走ってるの？」

運転手「お客さん、目的地にだいぶ近づきました。〇〇のあたりです」

お客「アレー、メーターが1万円超えてるじゃないの？　家まではいつもだいたい8千円台で着くのに何だよ、これ。遠回りしてんだろが！　おいっ！」

運転手「お客さん、環状線を回って〇〇街道を来てるので、通常ルートですよ」

お客「ふざけんじゃねえ！　バカヤロウ、てめえ、ぶっ殺すぞ！」

運転手「お客さん、罵倒はやめてもらえますか。シートを蹴るのもやめてください。ドライブレコーダーに記録されてますよ。安全運転ができなくなります」

お客「うるせーっ。てめえみたいな運転手は許さねーぞ、このバカヤロウ！」

運転手「停車しました。お客さん、ここまでの料金をお支払いいただき降りてください。お願いします」

お客「誰が降りるかよ、俺は金なんか払わねーぞ。インチキタクシー野郎！」

運転手「わかりました。では……」

こうしてドライバーは、さらにクルマを走らせました。

そして近所の交番にクルマを横付けし、警察官の協力も得て料金を支払わせ、その場で酔客を降ろし走り去ったのでした。

この例では、損害賠償までは発生していませんが、車内でドライバーの制止を無視して喫煙した場合などは、客側は車内清掃のため運休した時間分の賠償金を求められたり、清掃料を請求されたりするようになっています。

お客に罵倒されたら、直ちに毅然たる対応をとって、ドライバー自身の身の安全を図るべきなのです。

対策ポイント

お客のカスハラが止まなかったら直ちにお客に「降車」を求める！

第3章

悪質クレーマーへの「応酬話法」

0 応酬話法とは？

悪質クレーマーからの「質問」「意見」「主張」には一定のパターンがある

第3章では、悪質クレーマーへの「応酬話法」を見ていきます。「応酬話法」とは、セールスや会議などの対話場面で、相手からの質問や意見に対して「適切に応答する」ことを意味します。

なぜ「適切に応答する」ことが可能になるかといえば、悪質クレーマーからの質問や意見には、一定のパターンがあるからに他なりません。ゆえに、悪質クレーマーが繰り出してきた「主張」への「返しのセリフ」においても、一定のパターンで答えることが見込めるわけです。

悪質クレーマーのセリフを聞いて、こちらが答えに窮したりすると、悪質クレーマーは、

「鬼の首を捕った」かのように勢いを増してくるものです。

そうさせないためにこそ、悪質クレーマーからの主張や要求に対しての一定パターンの「応酬話法」を心得ておきたいのです。

つねにアサーティブな応答を心がける！

「応酬話法」で応答する際に気をつけたいのは、あくまでも冷静沈着な態度で応答するということです。すなわち理性的な大人の対応であるアサーティブです。

とりわけ決着をつけなければならない最終場面では、こちらが感情的になったり、卑屈にならないことが大事です。相手に付け入る隙を与えないからこそ、こちらの応答が、より効果的なものになるからです。

この章では、あらゆる悪質クレーマーの攻撃的場面を扱っていきますが、どんな応答が防御と撃退に有効なのか、参考にしていただければ鬼に金棒となるはずです。

法律的な裏付けが「適切な応答」には含まれている

悪質クレーマーに対し「適切に応答する」というのは、合法的な裏付けに基づく行為でもあります。悪質クレーマーの特徴的行為は概ね次のようなものだからです。

大声で怒鳴りつける／粗暴な振る舞いを見せる／延々と難癖をつける／非常識な理屈で要求を続ける／いつまでもその場に居座る／暴力的行為に出る……などなど。

こうした業務妨害行為は、後述しますが、いずれも法に触れるものです。

したがって、悪質クレーマーに対し、アサーティブに「適切に応答する」ことは、法的な意味においての「警告」を発していることと同義でもあります。

最終場面での「提案」は必ずこちらから行う

なお、悪質クレーマーに対して、こちらもある程度譲歩しなければならないケースでも、相手の要求は不当なものですから、そのまま受け入れるのではなく、あくまでも、こちらが「先に提案し、主導権を握る」のがベストになります。

たとえば、「この壺は、古美術品市場で30万円したものだ。おたくの台車がぶつかって壊れたんだから、30万円弁償しろ！」などと要求されても、「うちでも鑑定させていただきます」と引き取り、最終提案の場では「うちでも専門家に鑑定してもらいましたが、せいぜい2〜3千円の値がつけば御の字ということでした。今回はお詫びの意味も含めて、5千円を賠償させていただきます」などと打ち出さなくてはならないのです。

すると、悪質クレーマーは、「冗談じゃない、せめて3万円は出せよ」などと要求水準を下げたうえで、さらに迫ってきますが、ここでも、「5千円で納得いただけないなら、うちではこれ以上の対応は出来ません」と引導を渡すことになります。

5千円という金額が、「船の錨《いかり》」のような効果を発揮して、5千円からの再交渉にさせています。これが心理学の「アンカーリング効果」として知られる手法です。

1 「どうオトシマエつけるんだよ！」と言われたら

言葉による「謝罪」だけで終わらせる

悪質クレーマーは被害甚大を言い募り、何らかの特別サービスにありつこうと、しつこく粘ります。

店員「お客様、この度はコバエが、ラーメンのスープに入っていたことで、大変ご迷惑をおかけしました。お作り直しの提案も拒否され、恐縮に存じます」

お客「当たり前だろ、虫が入ってるような店のラーメンなんか二度と食えるかよ。今度はゴキブリが入ってくるかもしれねえからな」

店員「当店といたしましては、お代を頂戴しないことと、次回ご利用時に半額になるサービス券を2枚提供させていただくことでお詫び申し上げる次第です」

お客「お前の店なんか、二度と来ねえんだから、そんなもんいらねえよ」
店員「さようでございますか。それでは、まことに申し訳ございませんでした」
お客「オトシマエつけてくれよ。こっちは虫入りラーメン食わされたんだぞ」
店員「当店としましては、この通り、心よりお詫び申し上げる次第でございます」
お客「だから、わかんねーのかよ、オトシマエだよ。どうつけんだよ」

正しい対処法

こんな悪質クレーマーには、どう対処すべきでしょうか。

「当店と致しましては、この度の件は、お詫び申し上げる以外にございません」
「オトシマエとおっしゃられても、この通り、お詫びが精いっぱいでございます」

言葉で詫びる以外にないことを強く伝え、「どうか、お引き取りを」と促して、お客が不退去のまま居座ることは業務妨害になることを示唆し、クギを刺すことです。

2 「お店は関係ないでしょ。あなた私個人との問題なんだから！」と言われたら

個人と個人の問題にすり替えようとするクレーマー

悪質クレーマーの中には、店や企業といった組織を相手にするよりも、個人を標的にしたがるケースもあります。従業員個人と自分の問題としたほうが、手っ取り早く自分の要求が通せると考え、迫ってくるのです。

お客「あなたが、これが一番似合うって薦めたファンデーションなのよ。でも見てよ、今のこの肌。剥げてムラになってるでしょ。こんなの返品するわ」

店員「お客様、あの、ご使用になられた製品の返品は受けられません」

お客「あなたの責任でしょ。カウンセリングして販売したのは、あなたじゃない」

店員「でも、お客様もご納得の上、購入されたものですよね……」

お客「でもじゃないでしょ！　あなたにわからせるため、この肌を見せてるのよ」
店員「お客様よろしければ、お客様のファンデーションでもう一度メイクを……」
お客「冗談じゃないわよ。いらないわよ。あなたが個人的に引き取ればすむことでしょ。いい加減なものを薦めた、あなたとあたしの個人の問題なんだから！」

このお客は、使用済みの商品が返品出来ないことを知っていて追い詰めています。

正しい対処法

「お客様、使用済み商品のご返品が一般常識として出来ないことは、ご存じでらっしゃいますよね？　私は店のスタッフとして対応しており、無責任に個人としてのお客様対応は出来かねます。そのようなお申し出はご遠慮くださいませ」
「製品のご購入はお客様の判断によるもので、販売員は関知いたしません」

論理のすり替えで迫る悪質クレーマーには、常識論でシャットアウトします。

3 「てめえ、返品に応じねえならぶっ殺すぞ！」と言われたら

不穏当発言があったら撃退するチャンス到来！

口の悪いクレーマーは、気に入らない場面があると、「何だよ、てめえ、なめてんのか、ぶっ殺すぞ！」などとすぐに口にします。威嚇してサービス側を平伏させ、自分の思い通りにしたいからです。しかし、こんな発言があったらチャンスです。

お客「おい、これ返品する。サイズが合わないんだ」

店員「申し訳ございません。これ、バーゲン品ですね。返品出来ない旨、告知した上で販売したものですから、不良品でない限り、返品は出来かねるんです」

お客「そんなこと知らねえよ。ふざけたこと言うなよ。お客が返品したいとなったら、販売側がそれに応じるのは当たり前のことだろうが」

店員「返品不可で販売したものですから、できかねます」

お客「てめえ、ぶっ殺されたいのかよ、おい。返品に応じろよ」

店員「ぶ、ぶっ殺すって脅迫するんですか？　返品に応じないと殺すんですか？」

お客「うるせえな、てめえ、調子に乗るなよ、バカヤロウが！」

正しい対処法

「お客さん、警察に来てもらいますよ。
返品には応じられないので、お引き取りください」

こんな悪質クレーマーにいちいち、怯《ひる》んでいてはいけません。

このように明確にきっぱり、断ることです。

「殺す」などのセリフは、立派な「脅迫罪」に該当するからです。

4 「どうすんだよ、誠意を見せろよ！」と言われたら

抽象的な言葉に影響されないことが大事

悪質クレーマーは、不当に金品を得たいという本音があります。

しかし、具体的に「2万円出せよ」とか「3万円分の商品券で勘弁してやるよ」などと言えば、脅迫や恐喝未遂になることを知っています。

そのため、自分のほうから「○○しろよ」などと、はっきりしたことを明言してこないのです。「誠意ってものを示せよ」などと抽象的なセリフで絡んできます。

これを大真面目に受け取って、「お金を出せばいいのかな……」などと易きに傾くのは大間違いです。

サービス側のほうが、クレーム対応が面倒になって「では、慰謝料として1万円お包みしますので、これでお許しくださらないでしょうか」などと譲歩した解決策を提示するの

を悪質クレーマーは待っているからです。

しかもサービス側から、こんな金額提示をしようものなら、「その程度で済むと思ってるのかよ！」などと激怒され、金額アップを迫られる憂き目を見るでしょう。

こんな時には、悪質クレーマーの抽象的なセリフにこそ着目して、その意味するところを糺《ただ》していくだけでよいのです。

正しい対処法

「お客さん、誠意誠意とおっしゃいますが、具体的にはどういうことですか？」
「私どもは、十分誠意を尽くしてお詫びしています。この上何を望まれますか？」
「誠意を見せろ、というのはあれですか、お金を出せとか、そういうことですか？」

不当にお金を要求する行為は、脅迫であり恐喝未遂になります。お金を渡した後に、交渉を録音した証拠とともに警察に届け出れば、立派な「恐喝罪」です。

5 「上司を呼んで来い！」と言われたら

「従業員の社内的立場や人事評価」を脅しの材料に使う

お客「これ、娘の誕生日ケーキとして買ったけど、フタを開けたら、ほらこんなグジャグジャになってたんだよ。これじゃ、誕生日祝いにならないだろ？」

店員「え！　これ、お客さん、どっかで落とされなかったですか？　うっかり振り回して運んだとか、ふつうはこんなバカなことって起きないですよ」

お客「何だと、きさま。俺をバカ呼ばわりしやがったな。どういうことだよ」

店員「いや、あの……、そういう意味ではなく、ふつうはありえないことだと……」

お客「いま、バカって言ったじゃないかよ、お前は」

店員「いや、そんな……。言い回しが悪かったようなので謝ります」

お客「こっちの大きいケーキと交換しろ。それとこのロールケーキもサービスしな」

店員「いや、お客さん。それはちょっと。これは、うちの責任とは思えませんが……」

お客「じゃ、店長呼べよ。お前の接客態度について話したいからな」

店員「お客さん、そんな……困ります」

こんな言いがかりも悪質クレーマーの特徴です。うかつなセリフに食いつきます。

正しい対処法

「ケーキの運び方」に言及しただけで「詰め方が問題だろ！」などとキレるのです。

「お客様、当方に落ち度はないものの、今回は特別に同一商品と交換いたします」

「販売後のケーキの取り扱いは、お客様の責任になりますので交換できかねます」

言いがかりに乗らずに、毅然とした態度で伝えるべきことを伝えることです。

気の弱い対応をすると、再びターゲットにされる恐れもあるからです。

6 「こんなんじゃ家賃払えないよ！」と言われたら

大家の足元を見て値下げを交渉する

最近は、アパートの大家さんの「部屋埋め」も大変です。空室を埋めるため、不動産屋に広告料と称した余計な手数料まで約束し、入居者募集では「フリーレント1か月」などと謳い、家賃1か月分の免除までアピールします。こうした大家の窮状を知ってのことか不良入居者も増えています。

入居者「入居して1か月経つけど、屋根に雨が落ちる音とか、一階の人のテレビの音がうるさいよ。もう、明日にでも退去しようかと考えてるんだけど……」

家　主「ええっ、入居したばかりで？　雨の音がうるさいって、そんな話今まで聞いたことがないし、一階の方には私から一応お伝えしますが、明日退去する場合でも、退去告知は1か月前なので来月分のお家賃は発生しますよ」

入居者「冗談言うなよ。こんな部屋に5万円は高いんだよ。4万円で十分だよ」

大家の足元を見ての値下げ交渉です。大家は、ここで退去されると部屋のクリーニング代がかかり、次の募集で不動産屋に支払う広告料や、また次回に行うフリーレントの減収費用が頭をよぎります。1万円の値下げに応じるべきなのでしょうか。

正しい対処法

「値下げは無理です。本日たった今、退去告知を受けたと解してよいですか?」
「12回分の家賃未払いでの退去は、来月分家賃だけでなく、違約金としてフリーレント分の返却が必要となりますよ。契約書をよくご覧になってください」

このように畳み込めば、悪質クレーマーの不良入居者のほうも慌てるでしょう。こういう手合いに譲歩すると、そのうちまた、無理難題を吹っかけられます。

7「まだ体調が不良なんだよね！」と言われたら

いつまでもしつこく付きまとう

デパ地下の食品売り場もさまざまな悪質クレームにさらされます。

お客「おたくのイカの塩辛からは、食中毒の原因菌が見つからなかったって？」

責任者「はい、イカの塩辛を食べて体調を崩されたというお客様の通報をいただいた時点で直ちに販売を中止し、残った商品を保健所で調べた結果です」

お客「でも、入院する羽目になった、俺の食べたイカの塩辛は調べてないよね」

責任者「はい、それは、お客様がすでに廃棄されたとおっしゃるので不可能でした」

お客「俺の食べた塩辛にサルモネラ菌や黄色ブドウ球菌がついてたかもだよね」

責任者「ただ、お客様は病院では食中毒の疑いを口にされず、検便をされてません」

お客「そっちで調べりゃわかると思ったしね。猛烈な腹痛での嘔吐《おうと》や下痢だから」
責任者「その後、お客様の体調のほうはいかがですか？」
お客「調子は良くないよ。一泊入院した医療費は支払ってもらい助かったけどね」
責任者「はい、道義的な責任を考慮して、お客様の便宜を図らせていただきました」
お客「それでね。おたくらは、まだやるべきことがあるでしょう。被害者の俺に」

正しい対処法

因果関係の証拠もなく、「被害」だけしつこく誇張するカスハラです。

「私どもは因果関係が不明なまま、社会通念上の道義的責任はすでに尽くさせていただきました。これ以上の配慮を求められましてもいかんともしがたいです。お客様はまだ、私どもに何か要求されたいことがあるのでしょうか？」

きっぱり、つきまとい続ける悪質クレーマーに引導を渡してやることが大事です。

8 「俺の顔をつぶしやがって！」と言われたら

自分の面子を立てるよう執拗に粘る

婚礼の現場においても、クレームは次々と発生しています。

お客「おたくの婚礼司会者が、俺のスピーチの出番を無理やりカットしたんだぞ」

式場側「○家様と△家様の先日のご披露宴では、大変申し訳ございませんでした」

お客「新婦側招待の大学教授の挨拶が長かったからって新郎側親戚の俺のスピーチをカットされたんだ。あっちを短くさせるのが筋だろう。司会者の不手際で進行が遅れたのに、何で俺の出番がカットされたんだ」

式場側「申し訳ございません。記録映像を確認いたしましたが、司会者は教授のスピーチが5分に及んだ段階で大学教授の正面前でかがみ、停止の合図を送ったもののスピーチが止まず、15分経過の段階でマイクを通じて大学教授のスピーチを強制終了しております。披露宴にアクシデントはつきものとはいえ、当日は披露宴が重なっており、時間延長がかないませんでしたので……」

お客「取り返しがつかねえだろ。猛練習した俺のスピーチがビデオにも入ってないんだから。俺のメンツが立つように何とかしろ。無礼千万だろ、お前ら」

正しい対処法

こんな面子を潰されたというクレームには、どう対処すればよいのでしょうか。

「映像で確認した限り、当方の司会者に特段の落ち度は認められません。司会者は酔った大学教授のスピーチをストップさせるべく最大限の努力を講じています。よって今回の件は不可抗力による不幸なアクシデントと考えております」

結婚式場はこんなクレームに備え、映像記録を残しているので対抗できます。

9 「おたくのクリームで顔にブツブツが出来て仕事に行けない！」と言われたら

「非を認めたから謝罪し、使用中止を求めたんでしょ？」

化粧品メーカーにもクレームの電話は尽きません。

お客「おたくの○○クリームを昨日から使って、今日は顔が赤くなりブツブツよ」

担当者「それは大変申し訳ございません。すぐにご使用を中止してくださいませ」

お客「今までどんなクリームも、こんなことはなかったのよ。何が原因なの？」

担当者「お肌のトラブルにはさまざまな要因があり、その時の体調にも影響を受けます。原因特定は難しいのです。ご使用前のパッチテストはなさいましたか？」

お客「そんな面倒なこと、クリームぐらいでやらないわよ。どうしてくれるの？」

担当者「皮膚科の専門医には行かれましたか。もしまだでしたら、弊社の専門スタッフがご案内させていただき、パッチテストも実施させていただきます」

お客「おたく最初に謝罪したわ。こんなクレームが多いんでしょ、だから使用中止でしょ。原因はおたくのクリームよ。夜の仕事の営業補償をしなさいよ」

担当者「お客様、因果関係が明らかになりませんとそれはちょっと……」

お客「何ですって、原因は〇〇クリームに間違いないのよ。何、その言い訳は！」

正しい対処法

「お客様、原因究明のためにも弊社の専門スタッフを派遣いたします。皮膚科医の診察も受けていただき、パッチテストも実施いたします。弊社のクリームに原因があるかどうか、お客様のご協力を得てからの対応となっております」

化粧品業界は、1970年代の重度のスキントラブルによる「黒皮症裁判」の敗訴を経て、成分の見直しやクレーム対応には万全の構えを取るようになっています。

10 「おたくのジーンズが色落ちして白のブラウスに染みて台無しよ！」と言われたら

「色落ちしたジーンズを引き取り、ブラウス代を弁償しなさいよ！」

アパレルメーカーにも消費者からの追及クレームは尽きません。

お客「通販で買ったおたくのジーンズだけど、洗濯したら青色が落ちて元の色は薄くなるわ、一緒に洗った白のブラウスまで青味がかるわで……。どういうこと？　粗悪品もいいところじゃないの。ジーンズ返品するからお金返してよ。それからブラウス代7500円も弁償してよ」

担当者「お客様、それは大変申し訳ございませんでした。ところで、お買い上げいただいたジーンズですが、ご購入後初めての洗濯だったのでしょうか？」

お客「そうよ。いきなり、こんなに色落ちするなんて、ひどいじゃないの！」

担当者「お客様は、これまでジーンズはご着用されたことはありましたか？」
お　客「ないわよ。おたくのジーンズが安くていいって聞いたから買ったのよ」
担当者「お客様、ジーンズは染物なので、商品特性上、ある程度の色落ちはあるものとして、商品タグにも色落ちの注意を記しております」
お　客「染物？　色落ちは商品特性？　何よそれ、常識だっていうの？　ふざけたこと言わないでよ。お金返してブラウス代弁償してもらうわよ！」

正しい対処法

「お客様、大変申し訳ないのですが、今回はお客様の商品のお取り扱い上のミスとなりますので、返品や弁償といったお客様のご希望には沿いかねます」

ジーンズについては、染物ゆえに色落ちするのも一般常識の範囲内です。そのため、色落ちについての注意事項がなくても、常識として返品や賠償問題は生じません。ただし、他の商品類では、タグなどに記載がないと賠償問題も生じかねません。

11 「今すぐここで結論を出さなきゃ帰さないわよ！」と言われたら

「家まで詫びに来い！」

悪質クレーマーは自分の家に、サービス側スタッフを呼びつけて謝罪させることさえ好んで行います。そのほうが相手への束縛が強くなり自分の主張が通りやすいと思うからです。次は、悪質クレーマーの自宅におけるスタッフとのやり取りです。

お客「どうしてくれるのよ。このスーツはあなたが店で採寸したのよ。家で着てみたら、ほらこの通り、明らかに袖口が短くてちんちくりんじゃないの！」

店員「申し訳ありません。おかしいですね。いつもの手順で採寸したはずなんですが……、たしかにコレ、少なくとも3㎝ほど、お袖が短いですね」

お客「でしょ。もう一度採寸し直して、お詫びの印として至急2着を提供してよ」

店員「えっ？　もちろんお作り直しは致しますが、2着のご提供は出来かねますが」
お客「ひどいじゃない！　今週の面接に間に合わず、レンタルまでする予定なのよ」
店員「お客様。申し訳ございませんが、2着のご提供はやはり、無理かと……」
お客「じゃ、帰さないわよ。2着作るってここで約束するまでは。誠意を見せてよ！」
店員「えっ？　困ります。私の独断でそういうお約束を、ここではとても……」

正しい対処法

「私はこれで失礼いたします。帰らせていただけないなら警察へ通報しますよ」

スタッフは、ここで間髪入れず「今日はこれで失礼いたします」と辞去の意を伝えるべきです。それに対して、「駄目よ、帰さないわよ！」などと留め置かれた場合に、「監禁罪」として警察への通報が成り立つ理由になるからです。

なお、単独でのクレーム客宅訪問はセクハラやパワハラなどの疑惑リスクさえ高めます。

12 「あいつをクビにするか、土下座させろ！」と言われたら

従業員が「素っ気ない態度」だったと思うと、その従業員が許せなくなる

飲食店や小売業などの接客シーンでは、スタッフの些細なミスでも、「侮辱された！」などと曲解し、責任者を呼び止めて抗議する場面が見られます。

お客「あんたが店長か。さっき「吉村」って名札を付けた従業員に、『この野菜はどう料理して食べるとおいしいのか？』と尋ねたら、『それはお客さんの好みによるのでネットでお調べください』って邪険に扱われたぞ。モノには言い方があるだろ。わしは80歳でネットなんか使ってないんだぞ」

店長「それは大変申し訳ございませんでした。失礼いたしました。おっしゃる通りでご指摘はごもっともと存じます。あの、私からあとで厳しく注意して指導いた

しますので、今日のご無礼はどうかご容赦のほどお願い申し上げます」

お客「あんな奴が売り場にいることが間違いだよ。直ちにクビにするか、わしの前に連れてきて、土下座させなさい。それで許してやるよ」

店長「お客様、それはさすがに無茶では…」

お客「何が無茶だ。店長がそんな甘ったれた根性だから、従業員が腐るんだろうが！」

正しい対処法

「お客様。従業員の身分は内規で定めており、また、土下座は人格権の侵害にあたり強要罪に該当します。無謀な要求はおやめくださるようお願いいたします」

「あいつをクビにしろ」とか「土下座させろ」といった悪質クレーマーの常套句が通用しないのは、悪質クレーマーも百も承知のことでしょう。

店長が当該従業員に代わって謝罪しても、受け付けないお客は遮断すべきです。

13 「誰に断ってこの店出してるんだ！」と言われたら

「俺らみたいな風体の男が大勢集まって来たら、この店どうなるかな？」

２０１１年、全国に暴力団排除条例が施行されて以降、反社会的勢力の構成人数は急速に減ったものの、相変わらず「みかじめ料」といったシノギは続いています。

お客「マスターいい店開いたね。うちは○○企画って会社で、この辺の店のおしぼりやコースター、正月の飾り付けとかでお店に協力させてもらってますわ」
店長「はあ、そうですか、一応うちは今のところ間に合ってますけど……」
お客「これ、うちの商品の値段表だけど見てもらってくれる？」
店長「はあ、何か結構いいお値段ですね、どれも……」
お客「そりゃそう。守り料も入ってるからね。うちのマーク入ってると安心だよ」

店長「はあ、まあ、うちは今のところ、とにかく間に合ってますので、すみません」
お客「なあマスター。冷てえな。要するに誰に断って店出しとんのやってことや」
店長「えっ？　そ、そんなこと言われましても……、う、うちはあの…」
お客「この辺の店は、みんなうちと付き合いあるんや、あんたとこだけが、うちとの付き合いがないいってのは、他の店に示しがつかへんやないか」

正しい対処法

「うちは所轄の○○署長さんや3課の皆さんにもご挨拶させていただいてますので、今のところは間にあっておりますので、その辺ご理解くださいませ」

商品レンタルやリース契約に偽装していても、これも「みかじめ料」なのです。こういう時は、最初の段階で、勇気を奮ってきっぱり断らなければいけません。店をオープンしたら、所轄署にはスタート時点から挨拶に行き、盆暮れのツケ届けも忘れないことです。

14 「保健所に通報して営業停止にしてやるぞ！」と言われたら

「現金さわった手で、食材に直接触れていいのか？」

厨房《ちゅうぼう》が丸見えのカレー専門店のカウンター席での出来事です。

お客「あーっ、お前、今レジで現金さわった手で、そのまま手でトンカツ押さえて包丁で切ってるじゃないか。それ俺のカツカレーのカツだろ。ざけんなよ！」
店員「あっ、あの、今おしぼりで手は拭きました。見えなかったですか？」
お客「見てねえよ。現金さわったら、石鹸か消毒液で手を洗うのがふつうだろ」
お客「あの、うちでは、おしぼりで手を拭うことになってますので……」
お客「おれ、そのトンカツ要らねえからな。もう一回手を洗って作り直せよ」
店員「あの、このおしぼりは、アルコール消毒液に浸したものなんですよ」

お客「あのな、おしぼりで手を拭くところなんか見てねえって言ってんだよ」
店員「そんな、お客さん。ちゃんと今拭きましたよ。難癖付けないでくださいよ」
お客「難癖だと？　てめえ、冗談じゃねえぞ。保健所に通報してやるからな」
店員「ちょっと、お客さん、それはやめてくださいよ。困ります」
お客「やめてほしいならどうする？　手を洗って作り直し、代金タダにするか？」

正しい対処法

保健所に通報するのはお客の自由なので「やめてください、困ります」などと狼狽は禁物です。「じゃ、どうしてくれる？」などと交換条件を持ち出されるからです。

「お客様、うちは厳格な衛生基準に基づいて食材管理をしております。それがお気に召さないと言うのでしたら、お客様への料理の提供はいたしかねます」

食材取り扱い時の衛生管理は、お客にもよく見えるような動作手順が重要です。

15 「詫び状を書け！」と言われたら

「社長が会社を代表して謝るのが当然だ！」

通販の受付現場でも、電話オペレーターはさまざまなクレームに苦慮しています。

お客「注文した○○が、まだ届かないんだけど、どうなってるんだよ？」
スタッフ「お調べしますので、お客様のお名前とお電話番号をお教えくださいませ」
お客「名前は○○、電話番号は○×○で、クレジット決済したんだけど……」
スタッフ「お待たせいたしました。○月×日にご注文いただいたお客様ですね」
お客「そうだよ。1週間前後で届くって聞いたけど、もう3週間経つよね」
スタッフ「申し訳ございません。ご注文4日目の○月△日に発送されておりますが」
お客「でも届かないんだよ。普通郵便で送ってるんだろ？　おたくの会社は」

スタッフ「さようでございます。申し訳ございません。それでは再発送の手続き……」

お　客「冗談じゃねえ。普通郵便なんかで送るから事故が起きるんだぞ。バカヤロウ！　再発送だけじゃなく、社長に詫び状を書かせて一緒に送れよ」

スタッフ「あのお客様、お詫び状は添えますが、会社名を印刷したものになります」

お　客「何だと、ふざけんなよ！　社長が謝るべきだろ、俺は納得しねえぞ！」

正しい対処法

スタッフ「弊社のオペレーション規定に従って対応させていただきます」

少額商品の未達の場合、通販会社の対応は、印刷した会社の詫び状を添えて再発送するケースがふつうです。こんな軽微な事例に社長の個人名を記載したものや、「手書きの詫び状」はありえません。ＳＮＳなどでの悪用の恐れもあるからです。

悪質クレーマーに絡まれ始めたら、会社の規定をきっぱり主張すべきなのです。

16 「右翼の街宣車を呼ぶぞ!」と言われたら

「何べん無駄足を運ばせる気なんだよ?」

市役所など役場における各種申請には、いろいろと手間がかかるものです。

市民「〇〇の申請で、先日教えてもらった必要書類を持参したけど……」
職員「あ、こちらが申請書ですね。ええと、今日はご本人確認書類もお持ちですか?」
市民「免許証でいいかな?」
職員「ええ、それで大丈夫です。ええと、では必要書類を確認させていただきます。あれっ? これ、ご本人様の申請分じゃないんですか? どなたのですか?」
市民「うちの寝たきりの父親のものだけどね……」
職員「あ、それじゃ、お父様の実印を押捺し、印鑑証明書を添付して、息子さんが代理申請するという委任状も必要になりますが、今日お持ちですか?」

市民「バカヤロメッ! てめえ何だ? 先日俺が○○申請の件で尋ねた時に、それ言ったかよ? おいっ! 忙しいのに何べん無駄足運ばせやがんだ!」

職員「失礼しました。私はてっきりご本人様の分かと思い……」

市民「ざけんな! 俺は民族派だ。てめえの怠慢行為を街宣車で徹底糾弾するぞ!」

正しい対処法

「私の勘違いでまことにご迷惑をおかけしました。お怒りはごもっともです。ただ、街宣車が参りますと、私個人の問題でなくなります。どうかご容赦ください」

街宣車で乗り込まれるイメージは、想像しただけで恐ろしい気分になりますが、ここは慌てないことが大事です。

街宣行為は表現の自由ですが、条例などの規制もあり、個人攻撃は名誉毀損です。

17「この医院の悪評をSNSで拡散するぞ！」と言われたら

「何でこんなに差額ベッド代が高いんだよ！」

病院への悪質クレームも頻出しています。

患者「退院が許可された山田ですが、お会計はいくらですか？」
職員「ええと、個室利用の山田様ですね。合計しますと11万8670円です」
患者「ええーっ？　11万だってー。冗談だろう？　飯はまずかったし、個室なのに隣の部屋の奴のイビキが聞こえてうるさくて眠れなかったし、看護師は投薬時間を間違えるし、医師の回診も短くてまーったくテキトー。こんな病院ありえないだろ。外来だっていつもガラガラ、老人患者がたまに来るボロ病院なのに、入院患者からは、ぼったくりの料金を取るのかよ！」

職員「あのう、こちらが明細書ですが、よくご確認くださいませ」
患者「冗談じゃねえよ。この差額ベッド代を負けろよ。そしたら半額以下になる」
職員「大部屋が満室で、やむなく個室に入られた場合は、差額ベッド代はかかりませんが、山田様は最初から個室を希望され、その同意書もいただいてます」
患者「ひどい入院生活だったから払えねえよ。料金負けないとSNSで拡散するぞ」

正しい対処法

「SNSで勝手な悪評の拡散は困りますね。当院に実害が及べば、しかるべく対処します。また、料金の不払いについては法的な手続きをとっていきますよ」

最初から個室を希望しておいて、後から差額ベッド代に驚き、値切ってくる患者はたまに見かけるケースです。

病院側が組織的対応をしたら、悪質クレーマーも敵わないと思い知らせましょう。

18 「訴えて損害賠償を請求するぞ！」と言われたら

「トイレの床の濡れっ放しは危険この上ないだろ！」

ショッピングモールの施設内においても悪質クレームは発生しています。

お客「おい、おたくのトイレの床が濡れてて、滑って転んで腰を強く打ったぞ。痛いから病院に行くが、治療費、休業補償、慰謝料を払ってもらうぞ！」

担当者「大丈夫ですか、お客様。大変恐縮ですがお洋服は濡れていませんね……」

お客「さっき転んだ時は、ズボンが濡れたけど、今はもう乾いてきたんだろ」

担当者「トイレ清掃中で係員がいなかったそうですが、床が濡れている旨の注意喚起のプレートが出ていたことには、お気づきだったのでしょうか？」

お客「気づいてるよ。それで注意深く歩いたけれど、滑って転んじゃったんだよ」

担当者「もちろん、当方の管理する施設内のトイレでのお怪我ですから、医師の診療に関わる費用はうちで持つことになります。ただし、休業補償とか慰謝料のお支払いなどは、今の段階でお約束できるものではございません」

お客「何だと！　ふざけんじゃねえ。訴えるぞ、こら。調停や裁判で困るのはアンタらのほうだぞ。損害賠償だぞ、わかってんのか、バカヤロウが！」

正しい対処法

「調停や訴訟は、お客様が判断されることで、当方には何ら支障はございません」

トイレの床が濡れていて転んで怪我をした——という被害の主張は意外に多いものです。目撃者がおらず、「痛い、痛い」と主張していれば、病院での診断も受けられ、その後もずっと体調不良を演出し、サービス側に絡みやすい事案だからです。

19 「社長を出せ！　社長が直接詫びろ！」と言われたら

「水槽を置く場所にコンセントがなかったら エアポンプ使えないだろ！」

住宅産業も「クレーム産業」と呼ばれるほどにクレームの多い業界です。

お客「建築前の打ち合わせでは、玄関の靴箱の上に大型の水槽を置くので、靴箱の上のスペースは大きく頑丈なものにしてほしいってお願いしましたよね？」

担当「はい、それでお客様の水槽の奥行の長さより、一回り大きく奥行60㎝の大型の靴箱に仕上げるよう職人さんに指示いたしました」

お客「あのさ、そこまではいいんだけど、何で玄関の靴箱の上に電気のコンセントがついてないの？　水槽のエアポンプが使えないじゃないの。どゆこと？」

担当「えっ、コンセントなかったですか？　あちゃー失礼しました。すぐ付けます」

お客「もちろん、無料でやってくれるんだよね？」
担当「いえ、別途追加工事なので、1〜2万円はかかってしまいますが……」
お客「何だと！　お前のミスだろが！　何で金出さなきゃならねんだよ」
担当「す、すいません、わかりました。無料で取り付けます。申し訳ありません」
お客「頭に来たぞ。お前の詫びなんか要らん。社長を出せ、社長に謝罪させろよ」

正しい対処法

「責任は私にありますので、私の謝罪でご容赦願います。申し訳ございません」

これは明らかに担当者のミスですから、お客が怒るのも道理です。しかし、担当者が素直に謝罪し、ミスを認めて無料で追加工事に応じるとしたのに、社長の謝罪まで求めるのは、行き過ぎた要求といえるでしょう。

大手ハウスメーカーだと、上司に報告し代わりに謝罪してもらうのが精一杯です。

20 「ここの施術を受けたら、腰が悪化した！」と言われたら

「そもそも、あんたらの施術は医師法違反だらけだろうが！」

整体、カイロプラクティック、リフレクソロジー、エステティック、骨盤矯正などの国家資格を要さないリラクゼーション系施術も、悪質クレームにさらされます。

お客「昨日、あんたの施術を受けてから、ますます腰が痛くなったぞ、どうしてくれるんだよ。夜中も痛みでよく眠れず、今は腫れも出てきてるぞ」

整体師「ご不快な思いをさせて申し訳ございません。うちでは十分な治療効果が見込めませんでしたね。恐縮ですが医師に診てもらったほうがよいかと……」

お客「あんた、今なんと言った？『治療効果』だと？　国家資格も要さない整体施術で『治療』なんて言ったら医師法違反じゃないか。ふざけんなよ」

整体師「あ、つ、つい、うっかり……申し訳ございません。治療でなく施術でした」

お客「体を気持ちよくしてくれると思ったのに、腰に損傷を与えられるなんて、許せねーな。体に有害行為を施したんだから、すでに医師法違反だぜ。これから病院行くから、とりあえず見舞金包めよ。金かかるんだから」

整体師「お客様、うちでは精一杯の施術をしたのに、そんな主張はちょっと……」

正しい対処法

「見舞金は無理です。法的対応をとられるなら、うちも受けて立ちます」

国家資格のない、こうした民間療法の世界では、この手の悪質クレームが尽きません。訴訟などを恐れて、つい1～2万円の見舞金など包みたくなるでしょうが、一度でも現金を渡すと、悪質クレーマー仲間たちの格好の餌食にされます。

「治療」「マッサージ」「ツボ」などの有資格者しか使えない言葉は封印すべきです。

21 機内でのトラブルには

「危険だというエビデンスを示してほしいんだよ！」

旅客機内での乗客による実際の悪質クレームは1％未満と少ないものの、これが発生した場合は、悪質クレーマー側が重大な損失を被ることになります。

ＣＡ「お客様、間もなく離陸しますので、座席を元の位置にお戻しください」

お客「ねえ、何で戻さないといけないの？　何か科学的根拠とか、リクライニング倒したままだと危険というエビデンスを説明してよ。納得したら戻すから」

ＣＡ「お客様、そういう規則になっております。お客様は航空法の安全阻害行為をなさっていることになります。離陸できないのでお戻しください」

お客「だからさー、何でいけないのよ。俺、酒も入ってるから眠いのよ。このほうが楽だし、あなたがこのまま見なかったことにすればいいだけじゃない？」

CA「お客様、困ります。機長に報告しますと、命令の形になりますよ」

お客「いいよ、どうぞ。命令出してよ」

CA「わかりました。命令書をお持ちしますので、お待ちください」

お客「あ、これが命令書？　命令されても従えないね。別に危険行為じゃないし」

正しい対処法

「お客様は機長命令に従えないのですね。わかりました。強制的にお客様には飛行機から降りていただくことになります。今、空港警察に連絡いたします」

機内迷惑行為には、トイレでの喫煙、携帯電話使用、乗務員へのセクハラ、暴言、酩酊《めいてい》、シートベルトサイン点灯時のベルト未着用、手荷物の所定内未収用などが航空法で定められ、50万円以下の罰金の他、航空会社は損害賠償請求も行えます。

22 「わざわざ大阪から来たんや。往復の新幹線代出せよ！」と言われたら

「あんたが来店してほしいと言うたから来たんやで！」

悪質クレーマーが標的に選ぶ相手には百貨店インショップもあります。百貨店側が揉め事を嫌う体質ゆえ、独立店舗との交渉が有利に運びそうに見えるからです。

お客「あんたの店で買うたウールのセーターやけど。家で開けたら、袖口の糸がほつれてたぞ。こんな不良品売りつけやがって、何でお前の店が○○百貨店なんかに堂々と偉そうに入っとるんや。品質管理がなっとらん店やないか！」

店員「それは大変申し訳ございませんでした。すぐにもお取り替えか、ご返金で対応させていただきます」

お客「おう、それが当然やな。そしたら、あんたの店に行ったら、ええのんか？」

店員「はい、お手間をおかけして恐縮ですが、ご来店お待ち申し上げております」
お客「わかったわ。ほんなら明日行ったるわ。待っとれや」

＊　＊　＊

お客「おう、昨日のあんたやな。来い言うから来たで。朝一番の新幹線で来たんや、セーターの代金返してくれ、それと大阪・東京間の往復の新幹線代払えや！」

正しい対処法

「お客様が大阪在住と伺っていれば、着払いの宅配便でお送りいただくことも可能でした。ご来店に新幹線を利用されるのは常識の範囲を超えております。そのような社会通念上、度外れた交通費のお支払いには応じられません」

こういう悪質クレーマーは、「最初から大阪弁で喋ってたら、わかるはずやろが」などと絡んだり、百貨店相談室にも持ち込もうとしますが、相手にしないことです。

23 「話は終わってないぞ！」と言われたら

「お前には俺が納得するまで説明する義務があるんだよ！」

顔が見えない電話のやり取りでは、お客が悪質クレーマー化しやすいものです。

お客「おい、何でさっき電話切った？　てめえの会社の○△シェーバーのネット部分が割れ、俺は回転刃で肌を傷つけられたんだぞ。話は終わってねえんだよ」

担当「お客様。外刃と呼ばれる部分につきましては、取り扱い説明書の8ページにも記載の通り、外刃は薄いので強く押し当てないよう注意書きがあります」

お客「強く押し当てないと、おたくのシェーバーじゃ深剃りできねえじゃねえか」

担当「申し訳ございません。○△シェーバーの仕様ではこの限りになりますので」

お客「納得できねえよ。危険極まりないシェーバーじゃねえか。注意喚起しろよ」

担当「取り扱い説明書をお読みいただければ、十分な注意喚起と考えております」
お客「ふざけんなよ。じゃ、俺の使い方に問題があるってのか、この野郎！」
担当「まことに恐縮ですがそうなります。それでは失礼いたします（ブチッ！）」

＊　＊　＊

お客「おい、てめえ、何でまた電話を切ったんだよ、バカヤロー、ぶっ殺すぞ！」

正しい対処法

「お客様。この通話はすべて録音されています。これ以上続けられるのでしたら、業務妨害と脅迫で警察に届け出をさせていただくことになりますよ」

何度説明しても納得できないとして、電話をしつこくかけ続けてくる悪質クレーマーには、直接警告を発しなくては収まりがつかないものです。

脅しと侮られないよう、「警察に届け出ます」ときっぱり明言するのも効果的です。

24 「あたしが受けた精神的苦痛に対して慰謝料払ってよ！」と言われたら

「母の思い出がこもった服だったのよ！」

クリーニング店でも、洗濯物の取り扱いを巡ってトラブルが頻発します。

お客「これ、引換証ね。昨日の夕方仕上がってるはずなんで、お願いします」
店員「はい、えーと……、おかしいな。たしかに昨日仕上がってるはずだけど……」
お客「どうなってるの？　まだお店に戻ってきてないの？」
店員「いえ、たしかに工場から昨日戻ってますが、どうも、見当たりませんね」
お客「じゃ、紛失したってこと？〔冗談じゃないわ。あれ、母の遺品なのよ」
店員「いやー申し訳ございません。うちで弁償することになりますね、これ」
お客「ええーっ、母の思い出の服なのよ。あたしも大好きで大事に着てたのに……」

店員「あの、いつ頃、おいくらぐらいで購入されたものですか？　推定価格は……」

お客「母がイタリアのお店で、9年ほど前10万円ぐらいで買ったと聞いてるわ」

店員「そうですか、恐縮です。ええと『クリーニング事故賠償基準』に照らしますと、今回は、クリーニング代のご返金と2万円の賠償になるかと思います」

お客「駄目よ。購入額プラス精神的苦痛への慰謝料合計で20万円出しなさい！」

正しい対処法

「お客様、まことに申し訳ございません。減価償却もございますので、ご購入時の価格そのものの賠償は無理でございます。また、精神的苦痛とおっしゃられましても、今回は物損事故ゆえに慰謝料のお支払いも出来かねます」

クリーニング店での事故は少なくないため、クリーニング業界では明文化した賠償基準を定めています。基準に忠実に従い、誠実な対応あるのみなのです。

25 「ホントにマスクがないと言うならバックヤードを見せろ！」と言われたら

「ホントに在庫がないなら倉庫を見せられるだろ！」

新型コロナウィルス禍で、マスクを扱うドラッグストアも大混乱です。

お客「おい、マスクはどうなってるんだよ。今朝開店時に来た時も売り切れだったぞ。お前の店は、気まぐれにマスクを小出しに並べ、マスクを期待するお客の感情を煽《あお》ってるんじゃないのか？」

店員「滅相もないことです。いつ入荷するか、私どもにも見当がつかない状況なんです。お客様には、大変ご迷惑をおかけして申し訳ございません」

お客「俺は、朝と今との2回もマスクを期待して店までやって来たんだぞ。外出自粛中なのに、お前の店にマスクが届いてるのか見に来なくちゃならねんだぞ」

店員「本当に申し訳ありません。ご不便をおかけして恐縮です」
お客「マスク予約券とか作って、俺みたいな客に優先的に配れよ」
店員「申し訳ないです。それも出来ないので、入荷時に並べるだけなんですよ」
お客「おい、バックヤードに在庫を隠してんじゃないのか？　倉庫見せろや！　そうでなきゃ納得できないぞ。在庫がホントにないなら見せられるだろ？」

正しい対処法

「バックヤードは関係者以外は立ち入り禁止になっております。無理やりお入りになると住居侵入で、警察に通報する他なくなることをご承知おきください」

「住居侵入罪」は刑法130条の規定です。人が住む住居でなくても人の看守する建造物に正当な理由なく侵入すると成立します。3年以下の懲役か10万円以下の罰金です。この条文の後段で、退去を求めて退去しないと「不退去罪」が成立します。

26 「君を気に入ったから SNSでつながろうぜ！」と言われたら

「名前教えてよ、メアド交換しよう！」

喫茶店ではたらく女性店員たちも、悪質クレーマーの毒牙からは逃れられません。

店員「お待たせいたしました。こちらコーヒーとホットケーキのセットになります」
お客「ねえ、きみって、この店のバイトさんだよね？」
店員「はい……」
お客「ふだんは学生さん？」
店員「はい、専門学校生です」
お客「ふーん、専門学校生か。何を勉強してるの？」
店員「コンピューターのプログラミングを勉強しています」

お客「へー、俺、SEやってるんだよ。言語は何使ってるの？」
店員「はあ……、いま、ルビー使ってますけど……」
お客「ああ、ウェブサイトとか作ってるんだね。俺、アドバイスしてあげるよ」
店員「え？　あの、学校で勉強していますので……」
お客「いいじゃないの、ねえ、名前とか、電話番号、アドレス交換しようよ」

正しい対処法

「お客様、恐縮ですが。うちは喫茶店なので、店のスタッフとお客様との個人的な会話は禁止しておりますので、ご遠慮くださるようにお願いいたします」

こんな時は、「申し訳ありません。お客さんとの私語は禁じられていますので」とすぐに断って、お客から離れて店長に報告すべきです。そして店長が対応します。

喫茶店をキャバクラ代わりに考える輩には、先手でクギを刺しておくことです。

27 「A社では謝罪として交換品をたくさんくれたぞ！」と言われたら

「異物混入はお客に多大な危険を及ぼす行為だろ！」

缶詰メーカーにもイチャモン攻勢をかける悪質クレーマーがいます。

お客「もしもし、おたくのサバの味噌煮缶に入ってた異物のプラスチック片だけど、そっちに送ったの、もう届いてるよね？」

社員「はい、ただ今、お客様のプラスチック片がどんなものか精査しておりますが、当社で使うプラスチック材質のモノとは全く異なるため、原因を調査中です」

お客「対応が遅いね、おたくの会社は。今は世界中が海洋プラスチックゴミの問題で騒いでるでしょ。それじゃないの。サバ漁の時に一緒にプラスチック片が魚網の中に入って、それが混ざったんじゃないの？」

社員「あの、うちの水揚げ後の水産資源の取り扱い上、それはちょっと考えられませんので、原因を究明中なのです」

お客「早く、サバの味噌煮缶を送ってよ。異物混入の注意喚起に協力して、わざわざプラスチック片まで送ってあげたんだよ。まさかサバの味噌煮缶を1個だけ、うちに送るってことはないよね。A社は、12缶も送ってくれたんだぜ」

正しい対処法

食品メーカーに片端から異物混入のクレームをつけて商品をゲットする悪質クレーマーはたしかに存在します。メーカー各社もクレーム情報を共有すれば防げます。

「異物混入のご通報には感謝いたします。只今精査中ですが、今回メーカーに通報されたのは初めてではないようですが、過去には何件通報されましたか？」

異物混入クレーマーには、過去の通報件数を尋ねるだけでも行為を牽制できます。

28「俺の靴がなくなったのは店の管理のせいだ！」と言われたら

「店にも責任があるだろが！」

共同の下駄箱設置の居酒屋では、酔った悪質クレーマーの狼藉《ろうぜき》も起こります。

お客「おい、そこの店員。おれの靴がなくなってるぞ。誰か酔っ払いが俺の靴を間違えて履いて帰っちまったんだ。こういう共同の下駄箱だから、起こるべくして起こった事故だろ。俺は裸足で帰らなきゃいけないのかよ？」

店員「お客さん、申し訳ありません。うちはこういう下駄箱しか置けないんですよ」

お客「俺はどうやって帰ればいいの？　俺のために新しい靴を買って来いよ」

店員「お客さん、ここに貼り紙があります通り、お客さんによる靴の取り間違いについては、当店は責任は負えない旨書いてありますよね」

お客「ふざけんな。じゃあ、誰か他の奴の靴を俺が勝手に履いて帰るぞ！」

店員「お客さん、それも困ります。他のお客さんにトラブルが広がります」

お客「じゃ、どうすんだよ？」

店員「あのう、当店のトイレの下駄を一足お貸ししますので、それでお願いします」

お客「そんなカッコ悪い下駄履けるかよ。新品の靴を用意するか、1万円出せよ！」

正しい対処法

「お客様。申し訳ございません。お怒りはごもっともですが、当店の提案としましては、トイレの下駄でお帰りいただく以外ありません。お願いいたします」

ここで、従業員の制止を無視し、他の人の靴を履いて帰ると窃盗罪に問われます。ここはトイレの下駄で我慢してもらう他ありません。

29 「ベニスに行ってゴンドラに乗れなかったら、ツアーが成立しないでしょ!」と言われたら

「料金を全額返金しなさいよ!」

海外ツアーにはアクシデントがつきものゆえに、悪質クレームも多発します。

お客 「イタリアの4都市を巡るツアーでは、やっぱりベネチアのゴンドラ乗船体験こそが一番の売りなんでしょ? おたくのツアーパンフレットにも、ゴンドラが、こんなにデカデカと写真に出てますよね? これでお客さんを惹きつけてるわけなんでしょ?」

担当者 「はい、お客様のおっしゃる通りでございます」

お客 「にもかかわらず、今回私らが参加したイタリアツアーでは、ゴンドラに乗れなかったのよ。どういうこと! 大事な新婚旅行だったのに!」

担当者「申し訳ございませんでした。添乗員からは、事故渋滞に引っかかってしまい、バスがゴンドラ乗船の予約時間を大幅に過ぎて着いたため、ゴンドラ乗船がスケジュールから割愛された旨の報告を受けております」

お客「駄目じゃん、それ。料金を全額返金してよ。新婚旅行ぶち壊したんだから」

担当者「お客様、こういうツアーには、アクシデントがつきものでして…」

正しい対処法

「お客様、ゴンドラ遊覧は日程表に組み込まれておりますので補償対象でございます。こちらの旅行契約約款に従いまして、今回のお二人様の料金は47万円でしたので、2％のご返金となり、9400円をお戻しさせていただきます」

アクシデントがつきもののツアーゆえ、旅行会社はどんな悪質クレーマーが来ても困らないよう、あらかじめ旅行契約約款で鉄壁の守りを築いているものです。

30 「うちの娘をもっと可愛く撮れ！」と言われたら

「お前のカメラマンとしての腕が未熟だからだろ！」

写真スタジオでも難渋な要求をする悪質クレーマーには手を焼かされます。

お客「先日おたくで、うちの娘の七五三の写真を撮ってもらったけど、親戚に見せたら、うちの娘の可愛らしさが全然出ていないと言われたんだよ」

担当「え？　お客様は、出来栄えにご納得され、お引き取りになられてますよね？」

お客「ああ、あの時は、おたくでレンタルした衣装の派手さに目を奪われていたから、娘の表情にはあまり注意がいかなかったんだよ。仕方がないだろ」

担当「あの時の撮影は、私が担当させていただきましたが、1枚撮影毎にモニター画面で、ポーズや表情について、お客様にもご確認いただきましたよね」

お客「あのさ、親戚だけじゃなく、うちの娘も、気に入らないと言ってるんだよ」
担当「再度の撮り直しということになりますと、相応の料金をいただきますが……」
お客「ふざけんな、バカヤロウッ！（ここで持参した写真の袋を投げつけた）」
担当「お客さん、乱暴はやめてください！」
お客「てめえ、タダで撮り直すのが当たり前だろ！　おい、喜んで承諾しろよ！」

正しい対処法

「お客さん、今、写真の袋を投げつけられ、暴行を受けましたので、警察に通報します。直ちにお引き取りいただけないなら、不退去罪にもなりますよ」


モノを投げつけるといった物理的な有形力の行使は、暴行罪に該当します。

お客という立場を悪用し、不当な要求をする悪質クレーマーには、お客扱いは無用です。

また、大声で怒鳴られたら「威力業務妨害罪」で通報すべきなのです。

第4章

アサーティブな対処法

《事例で学ぶ》

0 カスハラ客と堂々と渡り合えるようになるために

いつでも自然に「アサーティブ対応」ができることをイメージしておく

カスハラ客にいきなり怒鳴られたり、脅されると委縮して固まってしまいます。

動物が「敵」と遭遇した時と同じように、脅威を感じた瞬間は、「闘う」か「逃げる」かを選択しなければならない、差し迫った状況に追い込まれるからです。

交感神経は活性化し、全身の筋肉が硬直し、息が浅くなり、心拍数が増加します。たちまち、緊張と恐怖がみなぎるといった不快な状況に陥るのです。

しかし、人間である私たちには、こんな場面であっても「闘う」または「逃げる」という選択肢はありません。そこでひたすら「申し訳ございません」と謝罪し、カスハラ客のご機嫌を取るような対応を余儀なくされてきたのが実態でした。これでは、サービス側の心は折れてしまいます。

すでに言及してきましたが、サービス側が卑屈なまでに、カスハラ客に平伏するのは、かえってカスハラ客の邪《よこしま》な態度を助長することにもつながっていきます。恫喝してくる相手に、へりくだるのは、ペーシングだからです。

この章では、カスハラ客と「対等に」「冷静に」会話をしていく場面を見ていきます。アサーティブという対応にもさまざまな形があることを理解していただくためです。

アサーティブな対応は、暴言を吐くカスハラ客へのディスペーシング（反同調）でありながら、「敵対的対応」ではありません。

あくまでも、同じ立場の対等な人間としての振る舞いです。

こちらが、堂々とアサーティブに振る舞うことで、カスハラ客のほうをこちら側の「冷静な大人の態度」にこそペーシングさせなければなりません。

さまざまなアサーティブ手法に精通することで、カスハラ客対応への自信をつけてください。

1 沈黙

カスハラのセリフには無反応を決め込む！

突然相手に黙り込まれると、攻撃中断する他なくなる！

カスハラ客がサービス側の人間を責めると、ふつうなら、相手は相槌を打ちながらペーシングして恐縮しながら文句を聞いてくれるものです。しかし、あえて黙り込むのも大事です。

お客「どうなってんだよ、この店は？　いつまでたっても注文取りに来ないぞ」
店員「はっ、申し訳ございません。お待たせして、ご注文はいかがなさいますか？」
お客「バカヤロウ！　てめえ、何分待たせたと思ってんだよ？」
店員「…………（沈黙）」
お客「おい、聞こえねえのか、バカヤロウ！　質問に答えろよ！」
店員「…………（沈黙）」

お客「おい…………な、何なんだ……」
店員「…………ご注文はお決まりでしょうか…………？」
お客「な、……生ビールと餃子だよ…………早く持って来いよ（トーンダウン）」
店員「かしこまりました。生ビールと餃子ですね！」

このように不当なカスハラのセリフを受けたら、無表情で直ちに黙ることです。「バカヤロウ」だの「このバカ」といった不規則発言には無反応で応じるのです。カスハラ客は、店員が恐縮するはずのペーシングがないと、一瞬不安になります。この反応がディスペーシングです。沈黙されると、店員が何をどう考え応じてくるのか読めなくなります。これがカスハラ客の気勢を殺ぎ、言動の牽制につながります。

対策ポイント！

無反応なそぶりで、カスハラ客の毒気を抜く

2 承認欲求の充足

カスハラ客の自尊心にはたらきかける！

「感謝の言葉」をかけられると悪態をつき続けられなくなる！

感謝の言葉で、カスハラ客の存在そのものを抱擁《ほうよう》することで、カスハラ客の攻勢を鈍らせることも可能です。すなわち、丁重に自尊心をくすぐるのです。

お客「おい、お前らがつけるマスクはあるのに、販売するマスクは品切れかよ！」

店員「あ、お客様。いつもいつもご利用ありがとうございます。申し訳ないです」

お客「何で……いつも品切れなんだよ？（ややトーンダウン）」

店員「入荷数が少なくて、すぐ品切れになり申し訳ありません。いつも御贔屓《ごひいき》のお客様には感謝しております。ありがとうございます」

お客「あ…そう……ま、しょうがないね……（完全にトーンダウン）」

＊　　＊　　＊

お客「俺は、レモン酎ハイ頼んだんだぞ。このバカ。何でウーロンハイ持ってきやがったんだよ！　のど乾いてんだよ、注文間違えるなよ。早く持ってこい！」

店員「申し訳ありません。いつもいつもご利用のお客様にご迷惑おかけして申し訳ございません。いつもホントにご利用ありがとうございます」

お客「ちゃんと注文聞いて、間違えないでね。頼むよ（完全にトーンダウン）」

「ありがとうございます」という感謝の言葉を浴びると、怒りを持続させるのが難しくなります。「承認欲求」が満たされる、存在肯定に他ならないからです。

アサーティブに「ありがとう」を連発すれば、相手の機嫌はみるみる直るのです。

対策ポイント

「ありがとうございます」という感謝のセリフを強調して示す！

3 現況の指摘

カスハラ客の現況を客観的に知らせる！

「異常な言動」を自覚してもらうためのはたらきかけ

カスハラ客からいきなり罵倒されると、サービス側は驚き、一瞬すくんでしまいます。しかし、ひと呼吸置き、冷静な言葉を選んで、相手の「現在の状況」をそのまま指摘すべきでしょう。

お客「おい、そこのバカ、お前だよ。さっきから呼んでるんだぞ。お前だよ、バカ。さっさと注文取りに来いよ！　遅いんだよ、このバカヤロウッ！」
店員「お、お客さん。バカヤロウとか、そんなにお怒りにならずに、怖いですよ」
お客「すぐに、来ねえからだよ……（ややトーンダウン）」
店員「お客さん、落ち着いてください。順番に接客していますので。で、ご注文は？」
お客「このA定食ってのを、ごはん大盛りで……（完全にトーンダウン）」

興奮して怒る相手には、ひとこと「現況の指摘」をすることで、相手に自分の暴走を気づかせられます。それにより、相手の態度を是正させる効果もあるのです。

冷静かつアダルトな態度で対応することで、カスハラ客のほうをサービス側にペーシングさせてしまうのです。

「バカヤロウ！」などと怒鳴られたら、「すみません、怒らないでください」「そんなに興奮なさらずに」などと応じ、相手の粗暴な態度に言及するだけでよいのです。

相手の態度が「人として異常」ということを自覚させれば覚醒につなげられます。

対策ポイント

「異常な態度」をそのまま指摘すれば、客が気づいてバツの悪い思いにさせられる

4 逆質問

言葉の意味を問い質す！

「異常なセリフ」を自覚してもらうためのはたらきかけ

自分の態度の「異常さ」に気づいてもらえば、カスハラ客の暴走を制する効果がありま す。前項の「現況の指摘」もそうですが、カスハラ客への「逆質問」も、同様の作用が見込めるのです。

お客「てめえ、俺の言ってることがわかんねえのかよ。お前みたいな店員がいるとは信じがたいな。お前なんんか、もう死ねよ。バカなんだからよ」
店員「お客様。恐縮ですが、死ねよ――とは、それどういう意味なのでしょうか？」
お客「だ…、だ、だからよ、バカだからってことなんだよ……（ややトーンダウン）」
店員「お客様。バカっておっしゃるのは、これまたどんな意味でしょうか？」
お客「まあ、ええわ。この店には二度と来んから……（完全にトーンダウン）」

人は、真正面から質問されると面食らいます。
質問されると答えなければいけない――という本来の習性がはたらくからです。
咄嗟に答えに窮すると、言動が抑制されます。

嫌味や皮肉を言われた時にも、「逆質問」は有効です。

A女「ふーん、あなた。今日はデートなの？　化粧が濃いからすーぐわかるわよ」
B女「あのう、それって、どういう意味なんですか？」
A女「や、べ…、別に……（完全にトーンダウン）」

対策ポイント！

暴言の意味を問い質されると、答えに窮して口ごもるため、言動が抑制される

5　オウム返し

カスハラ客のセリフを繰り返し反芻《はんすう》する！

「異常なセリフ」を強調させる効果が高い

自分の発したセリフを、相手からそのまま繰り返されると、目の前に鏡を立てられ、自分の顔を大写しにされたような恥ずかしい思いを味わわされます。

お客「てめえ、バカなのかよ？　わかるだろ？　どうしてくれるんだ、おい！」
店員「あのう……、『てめえ、バカ、どうしてくれるんだ』とおっしゃるんですね？」
お客「う……、そうだよ、バカじゃなきゃわかるって話だ（ややトーンダウン）」
店員「あのう……、『バカじゃなきゃわかるって話』とおっしゃるんですね？」
お客「そうだよ、どうする？　俺の顔を立てろよ。謝罪の仕方があるだろう？」
店員「ええと……『俺の顔を立てろ、謝罪の仕方がある』とおっしゃるんですね？」
お客「だから、どうすんだよ？」

店員「申し訳ございません。こうして頭を下げる以外にございませんでして……」

お客「けっ、お前はクソだな。もうこの店には来んからな！（完全にトーンダウン）」

自分の脅しのセリフを繰り返されると、カスハラ客も次第にバツが悪くなります。

他人を口汚く罵るセリフを吐く人も、オウム返しで黙らせられます。

A男「なあなあ、さっきの奴、とんでもないバカだよな。完全に低能だよな」

B男「えっ？　とんでもないバカ？　完全に低能？　……ってか？」

A男「う、うん……、ま、まあな………（押し黙る）」

対策ポイント

汚い言葉が自分に跳ね返ると、誰でも忸怩《じくじ》たる思いを味わう

6 飄《ひょう》々《ひょう》として取り合わない

カスハラ客の期待を裏切る対応をする！

「のらりくらりで拍子抜けさせる」ことで不当要求を撥《は》ね退《の》ける

悪質クレーマーは、謝罪を求めるだけでなく、何らかのサービスの享受、金品での補償といった特別扱いされることを期待しています。怒りをぶつければ、サービス側が恐縮して、何かしてくれることを望んでいるからです。

お客「おたくのラーメン、脂がギトギトで、食べ終わったらだんだん気持ち悪くなってきたぞ。こんなもん食わせて体調崩させてよ、金なんか払えるかよ！」

店員「おいしかったでしょ。うちは豚骨背脂が一番の売りです。脂分が美味の秘訣」

お客「あのさ、俺の体調をおかしくさせて、金払わせるのっておかしいだろ？」

店員「うーん。それは、お客さんの体調次第ですよね。うちはうまいラーメンすよ」

お客「お客が目の前で気持ち悪いって言ってるのに、責任感じないのかよ？」

店員「はあ、そういったことはちょっと。うちは専門の豚骨ラーメン屋ですから」
お客「どうしても責任取る気はないのか？」
店員「お客さんもおいしかったからこそ、スープまで完食されたんでしょう？」
お客「だから、謝罪の気持ちはないのかってことだよ」
店員「はあ、あの、お客さん、お金払わないと面倒なことにならないですかね？」
お客「わかった。払うよ。850円だな、ほら千円で釣りを寄こせよ」

こういう手合いを相手に、まともに議論したりしては、野暮もよいところです。のらりくらりの反応で最後は「面倒なことになる」とトドメを刺しましょう。

対策ポイント！

まともに会話をかみ合わせないことで、カスハラ客を排除する

7 バカ丁寧に対処する

カスハラ客との距離を離していく！

「おためごかし」で不当要求を突っぱねる！

「慇懃無礼《いんぎんぶれい》」という言葉があるように、過剰に丁寧な言葉で対応するほど、相手との心の距離も離れ、かえって無礼に映ったりするものです。しかし、「無礼」と解釈するのはあくまで相手次第です。過剰に礼儀正しく接すれば、要求も遮断できます。

お客「おたくが店長さん？　責任者だね。あそこにいる店員とあっちで品出ししている店員の2人が、さっき笑顔で雑談しててね。私が洋服のサイズと生地のことで尋ねたいと思ったので、すいませんと呼んだけど無視されたんだよ」

店長「さようでございましたか。それは大変申し訳ございませんでした」

お客「申し訳ないじゃすまないよ。私は貴重な時間を使って、この店に買い物に来てるんだ。私の貴重な時間を奪ったあの2人には詫び状を書かせなさいよ」

店長「お忙しいお客様の貴重なお時間を奪ったとお客様はご立腹なのですね。それはごもっともなことと存じ上げます。お客様のような紳士の方からのまことに有意義なご指摘には、心から賛同申し上げるところでございます」

お客「あ、そう。じゃ、詫び状書かせといてね、明日私が来た時に渡してよ」

店長「お客様のご指摘には賛同申し上げるのでございますが、ただ詫び状につきましては、わたくしも本人たちから事情聴取し、勤務評価の観点から慎重に検討いたさないと何とも対応しかねるところでございます。お客様のご要望に添えるかどうかは、現在の時点ではお答えしかねるところでございますが」

お客「回りくどいな、あんたは。もうええ。もう二度とこの店には来んからな」

対策ポイント

「バカ丁寧な対応」でカスハラ客を煙に巻いてしまうのも一法

8 大袈裟《おおげさ》に詫びる
“ギャラリー効果”を味方につける！

大声で何度も謝罪することで周囲の注目を集める！

カスハラ客は、些細なことでサービス側に文句をつけ激怒しますが、周囲の人々からの視線には、案外敏感に反応するものです。逆上する自分の姿が周囲にどう映るかを想像すれば、自分の姿が滑稽に思えてきて恥ずかしさも募ります。

お客「おい、何モタモタ包んでるんだよ。俺は急いでると言っただろ！」
店員「す、すみません。数の多い贈答品の包装に慣れてないものですから……」
お客「あー、もう20分経ったぞ。これで新幹線の指定席券が無効になったぞ」
店員「（大きな声で）も、申し訳ございませーん。一生懸命やっているんですが……」
お客「あっ、そこ、角がずれたじゃないか。紙に折れジワついたぞ。やり直せよ」
店員「あ、す、すみません!!　包装紙新しいのでやり直します」

お客「おい、てめえ！　これだけ迷惑かけて、タダですむと思ってんのかよっ！」

店員「（大きな声で）どうかどうかお許しを！　あの、やっと全部の包装出来ました」

お客「出来ましたじゃねえっ、お前、どうオトシマエつけるんだ？　おいコラ！」

店員「（大きな声で）お客様っ、ホントに申し訳ございませんっ。お許しください！」

お客「てめえ、声が大きいんだよ。もういいっ。商品よこせよ！」

大きな声での悲鳴のような謝罪の言葉は、カスハラ客が店員をいじめているように見えます。ギャラリーが大勢いる時は、サービス側が土下座で謝るのも効果満点になるゆえんです。土下座はする側より、される側が注目を集めるからなのです。

対策ポイント

悲鳴のような大声での謝罪には、カスハラ客を退散させるパワーがある

9 組織的対応を伝える

組織による複数対応の構えで防ぐ！

個店では「対応しない」旨を告げることでカスハラ被害を防ぐ！

カスハラ客は自分の邪な要求を通そうとします。
しかし、次のようなアサーティブ対応を見せると、時間がかかり、面倒臭いと感じるため、さっさと要求をあきらめることがほとんどです。

お客「新品のワンピースにケチャップソースをこぼされたのよ。料理代金をタダにしてクリーニング代と慰謝料で、1万円包んでくれないと納得できないわ」
店員「クリーニング代として2千円なら、すぐにも提供できますが、そういうご要望でしたら、本部対応となりますので恐縮ですがお時間がかかります。後日ご連絡いたしますのでお客様の連絡先を教えてください」
お客「……わかったわよ。なら、2千円のクリーニング代だけもらっていくわ」

*　*　*

お客「おたくの店の総菜を食べてたら、いきなりガチッと音がして、奥歯が欠けたんだぞ。よく見ると総菜に小石が入ってたんだ。歯科での治療費と見舞金として5万円払ってもらいたい」

店員「お客様、それは大変申し訳ございませんでした。歯科の治療費は、領収書をお持ちいただければ、お支払いさせていただきますが、見舞金については、本社の法務部にも相談してみませんと、何ともお答えしようがありません」

お客「わかったよ。じゃ、治療費の領収書持っていくから、それだけ払ってよ」

現場での対応が難しく、組織としての対応を伝えれば、不当要求は撤回されます。

対策ポイント

カスハラ客は、要求が通りにくいと察知すれば、意外に簡単にあきらめる

10 法に触れることを告げる

やんわりと警告するだけで効く！

「お客と認識せずに迷惑行為者」として扱うと撃退できる！

カスハラ客は、サービス側への迷惑行為を行いますが、一定レベルを超えたら、犯罪になることも心得ています。そのため、サービス側が「お客様は神様」という認識を改め、カスハラ客をただの「迷惑行為者」と断定して対応してきた場合は、たちまち慌てるのです。刑法犯になることを警告し、撃退しましょう。

お客「おい、この食器セットは色が派手すぎるから返品するからな。だから金返せよっ。返品に応じろ。　ガン！（ショーケースの上に商品を叩きつけた音）」

店員「あっ、お客さん。いま乱暴に置いたから、ショーケースの天板に傷がついたじゃないですか。これ、器物損壊行為ですよ！」

お客「えっ？　いや……勢いが余ったんだよ……。じゃあ、もう返品しなくてもいいわ！　じゃあな」

＊　＊　＊

お客「おい、今なんて言った？　そんなことは滅多にないだと？　家で開けたら、壊れてたから持ってきたんだ。俺が壊したとでも疑ってるのか？　謝れよ！」

店員「お客さん、疑ったりしてませんよ。ただし、修理での対応になります」

お客「何だとーっ！　返品するから金返せよ、泥棒ヤロウ、許さねえぞ、コラ！」

店員「怒鳴らないでください。威力業務妨害ですよ、防犯カメラに写ってますから」

お客「う……なんだよ、じ、じゃ、しょうがない。修理してもらおうか……」

「警察を呼びますよ」の一言で、カスハラ客の横暴行為は止むのがふつうです。

対策ポイント！

一言、犯罪行為であることを伝え、機先を制していくことが大事

第5章

法律を味方につける

0 カスハラは犯罪行為という認識を持つ

他人を不快にさせることは法に抵触する

「自分は客だ」という傲慢《ごうまん》な〝上から目線〟の人が、とかくサービス側従事者に対して、〝王様気分〟でカスハラ攻撃を行いがちです。

しかし、カスハラは、サービス側従事者への「嫌がらせ行為」に他なりません。当然のことですが、カスハラが行われれば、その時点でもうその人は「お客」ではありません。すなわち「迷惑行為者」となり、「迷惑行為者」は客ではないからです。

カスハラ防御のためには、この視点を持つことが、とても重要です。

サービス側従事者は、これまでのように、一方的にカスハラ攻撃を受ける理不尽さから解放されるべきでしょう。もっと自信をもってカスハラ対応してよいのです。

「客→迷惑行為者」に頭を切り替え、法に則って対処する

ここで重要なのは、他人を不快にさせる行為は、法に抵触するという認識です。カスハラ攻撃を行う側は、警察力を人一倍恐れています。そのため、カスハラ攻撃を行う側は出来るだけ、「お客」の立場でサービス側従事者と接しようとしますが、サービス側は頭を切り替えて対応すべきなのです。繰り返しますが、カスハラを行う輩は、すでに「お客」ではないからです。

こうした視点を明確にするうえでも、サービス側従事者は、法律に通じておくことが大事です。カスハラ行為がどんな法律に違反しているのかを知っていれば、それだけ適切な対応が容易になるからです。

本章では、わかりやすく、各種の法令についての解説をします。ざっとでよいのでぜひいちど目を通してください。頭の片隅に置いていただければ、いざ、カスハラ行為に遭遇した時に、大きな助けになるはずだからです。

1 軽犯罪法

カスハラ行為の多くは軽犯罪に該当する

「刑法」が具体的危険行為を処罰の対象とするのに対し、「軽犯罪法」に規定されている犯罪は、刑法犯の予備的行為として、日常生活の道徳規範に反する軽微なものが処罰の対象です。もっとも、軽微な犯罪といっても、違反すれば「逮捕」もありえます。

ただし、逮捕されるのは、「軽犯罪法」に違反する行為をし、かつ、住所不定であったり、正当な理由なく出頭しなかった場合、あるいは氏名や住所が不詳で、逃走する恐れがある場合で、それ以外で逮捕されることはほぼありません。

そのうえ、違反した場合の罰則は一律に拘留または科料です。拘留は1日以上 30日未満の刑事施設での拘置、科料は1千円以上1万円未満の金額の徴収です。

このように、犯罪抑止効果が弱そうな「軽犯罪法」ですが、規制される行為は第1条第1号から34号までで、21号が削除されて全部で33の行為が該当します。

ここでは、カスハラ客によるイタズラや嫌がらせの行為で、「軽犯罪法」に触れると考えられる例をいくつか見ておきましょう。

●**1条1号「潜伏の罪」……カスハラ客が店舗や建物内に入って潜伏する行為**

条文「人が住んでおらず、且つ、看守していない邸宅、建物又は船舶の内に正当な理由がなくて潜んでいた者」

●**1条2号「凶器携帯の罪」……正当な理由なく、凶器を隠し持っている行為。**

条文「正当な理由がなくて刃物、鉄棒その他人の生命を害し、又は人の身体に重大な害を加えるのに使用されるような器具を隠して携帯していた者」

●**1条5号「粗野および乱暴の罪」……飲食店やバス車内で怒鳴るなどの迷惑行為。**

条文「公共の会堂、劇場、飲食店、ダンスホールその他公共の娯楽場において、入場者に対して、又は汽車、電車、乗合自動車、船舶、飛行機その他公共の乗物の中で乗客に対して著しく粗野又は乱暴な言動で迷惑をかけた者」

●1条13号「行列などの割込の罪」……公共の場での秩序を乱す迷惑行為。

条文「公共の場所において多数の人に対して著しく粗野若しくは乱暴な言動で迷惑をかけ、又は威勢を示して汽車、電車、乗合自動車、船舶その他の公共の乗物、演劇その他の催し若しくは割当物資の配給を待ち、若しくはこれらの乗物若しくは催しの切符を買い、若しくは割当物資の配給に関する証票を得るため待っている公衆の列に割り込み、若しくはその列を乱した者」

●1条14号「静穏妨害の罪」……警察官の制止を無視して騒音を出す行為。

条文「公務員の制止をきかずに、人声、楽器、ラジオなどの音を異常に大きく出して静穏を害し近隣に迷惑をかけた者」

●1条15号「称号詐称の罪」……自分を警察の者などと身分詐称する行為。

条文「官公職、位階勲等、学位、その他法令により定められた称号若しくは外国におけるこれらに準ずるものを詐称し、又は資格がないのにかかわらず、法令により定められた制服若しくは勲章、記章その他の標章若しくはこれらに似せて作った物を用いた者」

公共バスや飲食店で怒鳴る行為もNG!

（軽犯罪法１条５号）

●1条24号「儀式妨害の罪」……職員集会やモールイベントなどへの妨害行為。

条文「公私の儀式に対して悪戯などでこれを妨害した者」

●1条26号「排泄などの罪」……痰や唾を吐き、大小便をしたり、させる行為。

条文「街路又は公園その他公衆の集合する場所で、たんつばを吐き、又は大小便をし、若しくはこれをさせた者」

●1条27号「汚廃物放棄の罪」……公共の場でゴミや汚物などを捨てる行為。

条文「公共の利益に反してみだりにごみ、鳥獣の死体その他の汚物又は廃物を捨てた者」

●**1条28号「追随等の罪」……女性スタッフに群れたり、付きまとう行為。**
条文「他人の進路に立ちふさがって、若しくはその身辺に群がって立ち退こうとせず、又は不安若しくは迷惑を覚えさせるような仕方で他人につきまとった者」

●**1条29号「暴行等共謀の罪」……暴行の共謀や、待ち伏せなどの予備行為。**
条文「他人の身体に対して害を加えることを共謀した者の誰かがその共謀に係る行為の予備行為をした場合における共謀者」

●**1条30号「動物使嗾《しそう》の罪」……人畜に対し犬などの動物でけしかける行為。**
条文「人畜に対して犬その他の動物をけしかけ、又は馬若しくは牛を驚かせて逃げ走らせた者」

●**1条31号「業務妨害の罪」……他人の業務をイタズラなどで妨害する行為。**
条文「他人の業務に対して悪戯などでこれを妨害した者」

●1条33号「貼り札・標示物除去の罪」……建造物に勝手にビラなどを貼る行為。

条文「みだりに他人の家屋その他の工作物にはり札をし、若しくは他人の看板、禁札その他の標示物を取り除き、又はこれらの工作物若しくは標示物を汚した者」

警察に「被害届」を出したと伝えるだけでも、カスハラ被害は軽減できます。

こうしたカスハラ行為の証拠を残し、カスハラ客の邪な意図を挫《くじ》きましょう。

2 迷惑防止条例

内容次第では刑法や他の法律の刑罰が課される

「迷惑防止条例」は、１９６２年に東京都が制定した条例ですが、その後全国47の都道府県や一部の自治体にも広がった条例の総称です。

「公衆に著しく迷惑をかける暴力的不良行為等の防止に関する条例」という名称が多く使われます。当然ですが、各条例で規制する行為の定義や罰則などには違いがあり、違反の内容次第では、刑法や他の法律で重く処罰されることもあります。

この「迷惑防止条例」で規制している行為は、当初は粗暴行為の防止に重点が置かれていましたが、現在ではダフ屋行為、痴漢行為、つきまとい行為、ピンクビラ配布行為、押売行為、盗撮行為、のぞき行為、客引き行為、スカウト行為なども加わり規制対象が広がりました。

ところでこうした行為のうち、カスハラ客が対象となりそうなのが粗暴行為、痴漢行為、つきまとい行為などです。たとえば、東京都の「迷惑防止条例」の5条の2「つきまとい行為等」の内容や罰則の概要は、以下のようになっています。繰り返し行うと「ストーカー規制法」の対象にもなります。

・つきまとい、待ち伏せ、立ち塞ぎ、住居等の付近をみだりにうろつく行為。
・その行動を監視しているように告げたり、その行動を知れる状態にする行為。
・著しく粗野で乱暴な言動の行為（バカヤロウと怒鳴る、クラクションを鳴らす）。
・無言電話や拒否されても電話をかけ、FAXや電子メールを送信し続ける行為。
・汚物や動物の死体など不快で嫌悪を覚えるモノを送付し知れる状態にする行為。
・名誉を害する事項を告げ、又はその知り得る状態に置く行為。
・性的羞恥心の侵害行為（わいせつ写真の送付や卑猥な言動で辱める）。

こうした違反行為の場合は、6月以下の懲役または50万円以下の罰金となります。

3 ストーカー規制法

「迷惑防止条例（盗撮を除く）」と異なり非親告罪

「ストーカー規制法」は「ストーカー行為等の規制等に関する法律」といい、1999年10月の「桶川ストーカー殺人事件」を契機に2000年11月に施行され、その後改正された法律です。この法律が出来るまで、ストーカー行為がエスカレートした場合、刑法の脅迫罪や名誉毀損罪に問えるケースもあったものの、その多くが前項までの「軽犯罪法」や、「迷惑防止条例」の「つきまとい行為」でしか取り締まれず、罰則も軽いため犯罪抑止効果も弱いものでした。しかし、この「ストーカー規制法」では、ストーカーの目的も「特定の者に対する恋愛感情その他の好意の感情又はそれが満たされなかったことに対する怨恨の感情を充足するためにする行為」と明確にされ、被害者の告訴がなくても起訴できる非親告罪となったのです。

カスハラ客が、サービス側のスタッフに好意を抱き、アプローチしてくるケースは意外に少なくありません。サービス側が笑顔で親切にもてなすゆえに、カスハラ客は自分に「好意がある」などと勘違いしがちだからです。

疑似恋愛を演出して接客するキャバクラ嬢の多くが、大なり小なりストーカー被害の経験を持つゆえんです。「つきまとい等の行為」は次の8つに定義されています。

1. つきまとい、待ち伏せ、立ち塞ぎ、住居等に押し掛けたり、付近をうろつく。
2. その行動を監視していると思わせる旨を告げ、その知り得る状態に置く。
3. 面会や交際を求めたり、その他義務のないことを行うことを要求する。
4. 著しく粗野または乱暴な言動をする（俺から逃げたら殺すぞ、など）。
5. 無言電話したり、拒否されても電話をかけ続ける。連続FAXやメールを送る。
6. 汚物や動物の死体など不快で嫌悪なモノを送り、またその知りうる状態に置く。
7. 名誉を害する事項を告げ、またその知り得る状態に置く（誹謗中傷する）。
8. 性的羞恥心を侵害する（わいせつ写真を送付したり卑猥な言動で辱める）。

これらの行為が繰り返される場合、被害を警察に届けるだけで犯罪の扱いとなります。

4 刑法によるさまざまな規制

悪質クレーマーはもはや「犯罪者」

悪質クレーマーが該当しそうな「刑法」の事例や条文を見ていきましょう。

【不退去罪】

たとえば、悪質クレーマーの要求を不当と判断したサービス側は、「要求には応じられません」と交渉を打ち切らなければなりません。その際、悪質クレーマーは「納得できないので帰らない」などと居座るでしょう。そんな時はすぐ「お引き取りください」と退去を求めましょう。それで退去しないと「不退去罪」になるからです。

●刑法130条（住居侵入等）

正当な理由がないのに、人の住居若しくは人の看守する邸宅、建造物若しくは艦船に侵入し、又は要求を受けたにもかかわらずこれらの場所から退去しなかった者は、3年以下の懲役または10万円以下の罰金に処する。

【傷害罪】

悪質クレーマーが、暴力をふるい、怪我をさせたら「傷害罪」になります。また、執拗にハラスメント攻撃を続け、サービス側スタッフを精神疾患に追い込んだ場合も「傷害罪」になります。

●刑法204条（傷害）

人の身体を傷害した者は、15年以下の懲役又は50万円以下の罰金に処する。

【暴行罪】

殴る蹴るといった直接的暴力でなくても、腕をつかむ、胸ぐらをつかむ、唾を吐きかける、液体をかけるといった行為も「暴行罪」になります。

●刑法208条

暴行を加えたものが人を傷害するに至らなかったときは、2年以下の懲役若しくは30万円以下の罰金又は拘留若しくは科料に処する。

【逮捕及び監禁罪】

カスハラ客がサービス側スタッフを自宅に呼び寄せ、「ここで賠償金の額を決めなきゃ、この家から出さねえからな」などと脅したり、部屋にカギをかけ、外に出られなくした場合は「逮捕及び監禁罪」になります。

●刑法220条（逮捕及び監禁）

不法に人を逮捕し、又は監禁した者は、3月以上7年以下の懲役に処する。

【脅迫罪】

「断ったらどうなると思う？　お前いい度胸してるじゃないか」などと凄《すご》むと、それだけで「脅迫罪」になります。

●刑法222条（脅迫）

1. 生命、身体、自由、名誉又は財産に対し害を加える旨を告知して人を脅迫した者は、2年以下の懲役または30万円以下の罰金に処する。
2. 親族の生命、身体、自由、名誉又は財産に対し害を加える旨を告知して人を脅迫した者も、前項と同様とする。

【強要罪】

「ここで土下座しろよ」「お前、商品を交換しないならどうなると思う?」などと執拗に絡んだり、腕を掴んだりして無理やり言うことを聞かせるのは「強要罪」です。

●刑法223条(強要)

1. 生命、身体、自由、名誉若しくは財産に対し害を加える旨を告知して脅迫し、又は暴行を用いて、人に義務のないことを行わせ、又は権利の行使を妨害した者は、3年以下の懲役に処する。

2. 親族の生命、身体、自由、名誉又は財産に対し害を加える旨を告知して脅迫し、人に義務のないことを行わせ、又は権利の行使を妨害した者も、前項と同様とする。

3. 前2項の罪の未遂は、罰する。

【名誉毀損罪】

カスハラ客が、店主に向かって「お前の店のラーメンは、道端で死んでた猫から出汁とったスープだろう」などと公然と虚言を吐いたり、SNSに投稿すると、「名誉毀損罪」に問えます。

●刑法230条(名誉毀損)

1. 公然と事実を摘示し、人の名誉を毀損した者は、その事実の有無にかかわらず、3年以下の懲役若しくは禁錮又は50万円以下の罰金に処する。
2．死者の名誉を毀損した者は、虚偽の事実を摘示することによってした場合でなければ、罰しない。

【侮辱罪】

「このブス」「ハゲ店長」「デブ男」などと罵倒すると「侮辱罪」になります。

●刑法231条（侮辱）

事実を摘示しなくても、公然と人を侮辱した者は、拘留又は科料に処する。

【信用毀損及び業務妨害】

「この店のラーメンはゴキブリ入りで不潔」などと虚偽の事実をSNSで拡散したり、「これがバカ店長」などと動画をアップすると「信用毀損及び業務妨害罪」になります。

●刑法233条（信用毀損及び業務妨害）

虚偽の風説を流布し、又は偽計を用いて、人の信用を毀損し、又はその業務を妨害した者は、3年以下の懲役または50万円以下の罰金に処する。

【威力業務妨害罪】

机をどんどん叩いたり、怒鳴り散らす行為は「威力業務妨害罪」になります。

●刑法234条

威力を用いて人の業務を妨害した者も、前条の例による。

【恐喝罪】

「慰謝料を出さねえとどうなるかな?」などと凄《すご》み、実際に金品を得たなら「恐喝罪」です。悪質クレーマーは「恐喝」や「恐喝未遂」になることを恐れます。ゆえに「誠意を見せろよ」「どんな形で謝罪するかはそっちが決めろ」などと言います

●刑法249条(恐喝)

1．人を恐喝して財物を交付させた者は、10年以下の懲役に処する。

2．前項の方法により、財産上不法の利益を得、又は他人にこれを得させた者も、同項と同様とする。

【未遂罪】

「詐欺罪」「背任」「恐喝」などは警察の犯罪の事実認知で未遂でも処罰されます。

●刑法250条（未遂罪）
この章の罪の未遂は、罰する。


【器物損壊罪】

カスハラ客が店頭の備品や商品を傷つければ、「器物損壊罪」になります。

●刑法261条（器物損壊等）
前3条に規定するもののほか、他人の物を損壊し、又は傷害した者は、3年以下の懲役又は30万円以下の罰金若しくは科料に処する。


以上のように、悪質クレーマーの行為は、犯罪スレスレであったり、犯罪そのものといってもよいものが多く見られます。

法律に通じることで、相手の言いなりになるどころか、こちらから逆に、断固として警察に通報する旨の強い姿勢を見せることも可能です。

なお、民法によって、悪質クレーマーから受けた被害を賠償させることもできます。たとえば、民法709条では「故意又は過失によって他人の権利又は法律上保護される利益を侵害した者は、これによって生じた損害を賠償する責任を負う」とあります。

また、財産以外の損害の賠償規定もあり、民法710条では「他人の身体、自由若しくは名誉を侵害した場合又は他人の財産権を侵害した場合のいずれであるかを問わず、前条の規定により損害賠償の責任を負う者は、財産以外の損害に対しても、その賠償をしなければならない」とあります。

●著者紹介

神岡 真司（かみおか しんじ）

心理学研究家。最新の心理学理論をベースにしたコミュニケーション・スキル向上指導に定評がある。会話力上達、トリックトーク、モチベーション開発などの他、ヒプノセラピーによる自己変革、悩み解消などの"心のパワーアップ"研修まで幅広く対応。現在、日本心理パワー研究所を主宰し、法人対象での各種従業員トレーニング、組織活性化コンサルティング、セミナー開催などで活躍中。著書に『男と女のLOVE心理学』（マガジンハウス）、『衝撃の真実100』（ワニブックス）、『最強の心理学』（すばる舎）など多数。

絶対にカスハラに負けない
《実践》心理テクニック53

2020年8月10日　初版第1刷発行

著　　者／神岡 真司
発 行 者／赤井　仁
発 行 所／ゴマブックス株式会社
〒106-0032
東京都港区六本木三丁目16番26号
ハリファックスビル8階
印刷・製本／みつわ印刷株式会社

ISBN978-4-8149-2217-8